ミネルヴァ日本評伝選

富国強兵は「地球上の道理」

五代友厚

田付茉莉子著

ミネルヴァ書房

刊行の趣意

「学問は歴史に極まり候ことに候」とは、先哲荻生徂徠のことばである。

歴史のなかにこそ人間の智恵は宿されている。人間の愚かさもそこにはあらわだ。この歴史を探り、歴史に学んでこそ、人間はようやくみずからの正体を知り、いくらかは賢くなることができる。新しい勇気を得て未来に向かうことができる。徂徠はそう言いたかったのだろう。

「ミネルヴァ日本評伝選」は、私たちの直接の先人について、この人間知を学びなおそうという試みである。日本列島の過去に生きた人々の言行を、深く、くわしく探って、そこに現代への批判を聴きとろうとする試みである。日本人ばかりではない。列島の歴史にかかわった多くの異国の人々の声にも耳を傾けよう。

先人たちの書き残した文章をそのひだにまで立ち入って読み、彼らの旅した跡をたどりなおし、彼らのなしとげた事業を広い文脈のなかで注意深く観察しなおす――そのとき、はじめて先人たちはいまの私たちのかたわらによみがえってくる。彼らのなまの声で歴史の智恵を、また人間であることのよろこびと苦しみを、私たちに伝えてくれもするだろう。

この「評伝選」のつらなりのなかから、列島の歴史はおのずからその複雑さと奥ゆきの深さをもって浮かび上がってくるはずだ。これを読むとき、私たちのなかに新たな自信と勇気が湧いてきて、その矜持と勇気をもって「グローバリゼーション」の世紀に立ち向かってゆくことができる――そのような「ミネルヴァ日本評伝選」にしたいと、私たちは願っている。

平成十五年（二〇〇三）九月

上横手雅敬
芳賀　徹

大阪在勤時代の五代友厚

五代の渡欧出発の図（四世長谷川貞信画）

五代友厚銅像（大阪市立大学）

はじめに

五代友厚の事績を評価するときに、「東の渋沢、西の五代」と並び称されることが多い。商法会議所や商業講習所を設立し、実業界の組織化に大きな貢献をしたという点では、東京の渋沢栄一《しぶさわえいいち》に匹敵する役割を、西の大阪で果たしたからである。一方で、五代は「政商」として岩崎弥太郎《いわさきやたろう》と並び称されることも多い。大蔵卿大隈重信《おおくましげのぶ》と結んで三菱財閥を築き上げた岩崎に対して、内務卿大久保利通《おおくぼとしみち》と五代の関係が比定されているのである。政商というのはジャーナリズム用語であって厳密な定義はないが、一般的に、明治前半期に政治家と結託して官業払い下げなどの便宜を受け、産業資本家として成長した特権商人を指す。五代が政商とされるのは、北海道開拓使官有物の払い下げ事件によってであり、日本史の教科書ではこの一件だけ取り上げる本が多い。

しかし、事業家としての資質は、渋沢や岩崎と五代とのあいだには大きな違いがあった。渋沢は、自ら事業を起こすよりは、財界の組織者として能力を発揮した。一方の岩崎は、政府の保護を利用して事業で成功し、のちに財閥を築いた。渋沢にとっても岩崎にとっても、事業意欲と資本蓄積意欲は表裏一体であった。

五代もまた、自ら事業を起こして経営する実業家であった。そして、数多くの大事業の創業に関わった点では、渋沢や岩崎と共通するものがある。しかし五代の事業意欲は、蓄財を最終的な目的とはしていなかった。彼の事業を支えていた理念は、殖産興業と富国の実現である。在来産業に代わって近代工業を根づかせ、それによって国際収支の悪化を防ぎ、植民地化の危機を回避しようとしたのである。

大久保利通は、日本にはたぐいまれな経綸家であった。五代には、大久保への共鳴と尊敬の念が強く、彼を政治的にも資金的にも全面的に支えようという義侠心を強く持っていた。五代自身も、実業家である以前に天下国家を論ずる論客であり、その事業展開も近代日本を築くために必要と考える産業を創業したり、あるいは支援したりする、といったものであった。それらの事業を通じて、五代は、時代の波に取り残されつつあった大阪の復権に尽くし、近代大阪の恩人といわれるようになったのである。

しかしその事跡をみるならば、五代は単に大阪の恩人にはとどまらず、〝近代産業の父〟として渋沢に先んじる存在であった。五代は、渋沢のような「産業の組織者」に徹底することはできなかったし、岩崎のように「政商」として財閥を築き上げることもなかった。しかし、日本の近代を築く志にこだわった数少ない事業家であり、さらに大久保をバックアップする偉大な論客でもあったのである。

もっとも大久保も五代も、この時代の人としては世界を見てきた数少ない人物であり、近代資本主義の先進国に焦点を据えて、明確な理想社会の像を描いていた。その意味で、維新後になっても、旧来の武士としての行動規範にとらわれ続けた保守的な薩摩人からは、かなり浮いた存在であった。西南戦争では、心ならずも故郷に弓を引く立場にたたざるを得なかったのである。

第二次世界大戦後の高度経済成長のなかで、日本の〝近代産業の父〟は忘れられていった。中村草田男が「降る雪や、明治は遠くなりにけり」と詠んだのは、一九三一年である。軍需国家化が進む過程で、すでに近代産業の基盤を築いた人びとの事績は忘れ去られつつあったのかもしれない。しかし近年になって、あらためて五代の功績が見直されている。

大阪市立大学は、大阪商業講習所を前身としており、二〇一六（平成二十八）年三月に構内に五代友厚銅像を建立した。最も新しい五代友厚像である。この像は、同大学の同窓会が大学の創設者であった五代を顕彰するため、富山県の銅像作家・喜多敏勝に依頼して制作したブロンズ像であり、台座正面の「五代友厚」の文字は五代の直筆である。右手に本を持ち、視線は遠く海外を見据え、学生たちに進取の精神でグローバル感覚を身につけるよう、優しく語りかける姿を模したという。

その一年前には、ＮＨＫの連続テレビ小説『あさが来た』で、主人公の広岡浅子を支える五代友厚が、実像よりかなり美化して描かれた。また、宮本又郎『商都大阪をつくった男　五代友厚』（ＮＨＫ出版）も同年に出版されて、大阪の発展に尽くした五代の功績が、あらためて検証された。テレビドラマをきっかけに、五代の再評価が大きく進んだといってよい。

二〇〇四年十二月には、大阪証券取引所が中央区北浜一丁目の新ビルの前に、五代友厚像を建立した。文化功労者・中村晋也の作品で、高さ七・六メートルの大作。大阪株式取引所の設立に尽力した五代の功績を顕彰したものであり、「大阪証券取引所発祥の地として顕彰する」と、像の背後の銘文にある。

なお、同じ中村晋也が制作した五代の坐像が、大阪市中央区北浜の光世証券本社の玄関口にも置かれている。近代日本の先駆者として大阪経済の発展の基盤を築いた功績を称え、「その精神と勇気を今に伝えるため」に、二〇〇一年の本社ビル竣工にあわせて設置したという（同社ホームページ）。

日本経済史や日本史の研究史においても、一九六〇年代までは五代を取り上げた論文・著書が多かったが、その後は宮本又次の継続的な研究と、一九七〇年代初めの日本経営史研究所編『五代友厚伝記資料』を除いて、一般の研究者の眼に触れるものは少なくなった。渋沢や岩崎が、この間も日本の近代を築いた重要人物として取り上げられ続けたこととは、対照的である。研究史が深まったのは、二〇〇〇年代に入ってからであり、犬塚孝明や原口泉などが積極的に論じている。

本書は、日本の歴史にさまざまな分野で事績を残した人びとの伝記を網羅する「ミネルヴァ日本評伝選」の一冊である。この機会を得て、日本の近代に大きな足跡を残した五代友厚の事業と財界発展への貢献を、あらためて検証し、評価したいと思う。

五代友厚――富国強兵は「地球上の道理」　目次

はじめに

図版一覧

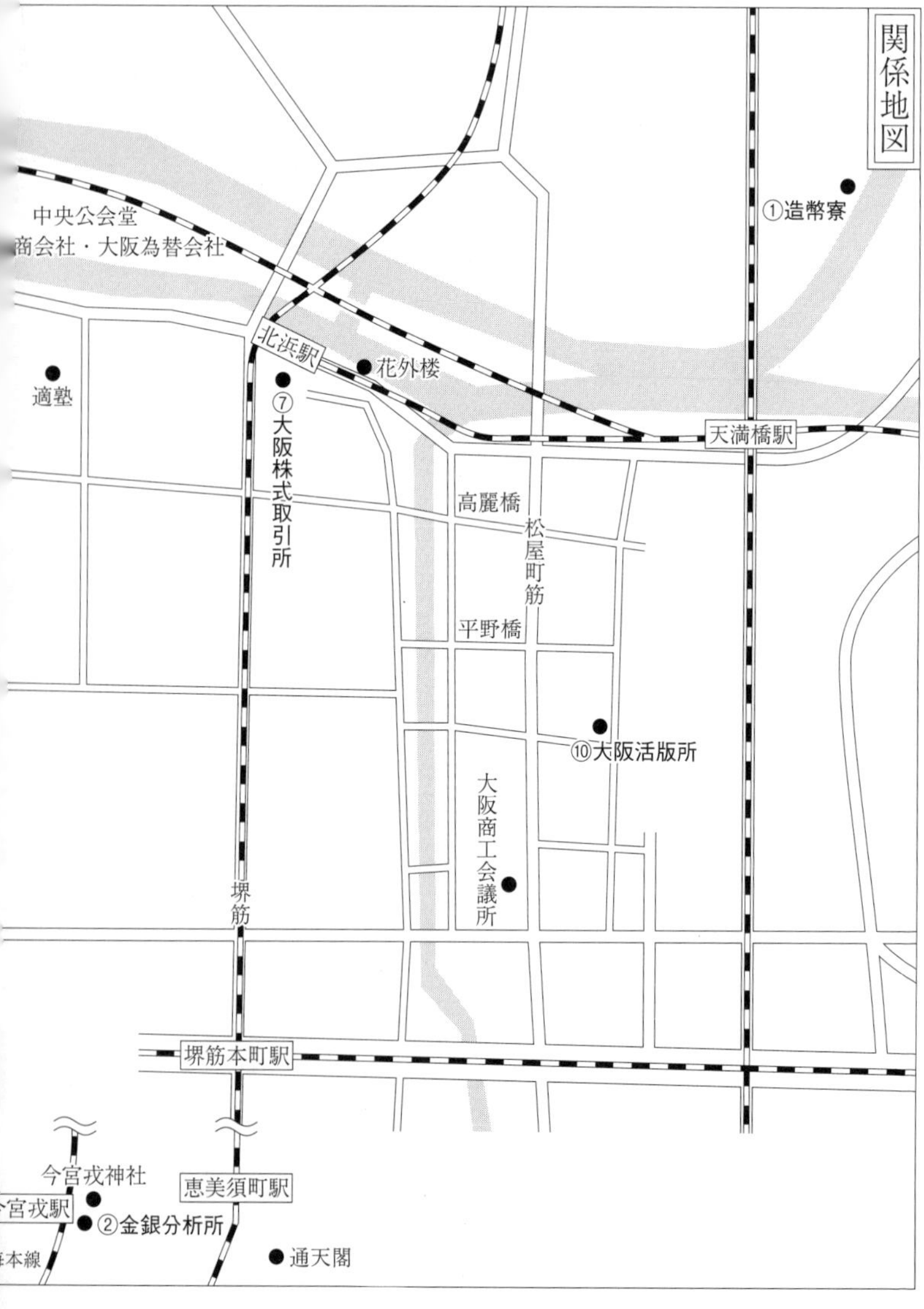

関係地図
①造幣寮
中央公会堂
商会社・大阪為替会社
北浜駅
花外楼
適塾
⑦大阪株式取引所
天満橋駅
高麗橋
松屋町筋
平野橋
⑩大阪活版所
大阪商工会議所
堺筋
堺筋本町駅
今宮戎神社
今宮戎駅
恵美須町駅
②金銀分析所
通天閣
海本線

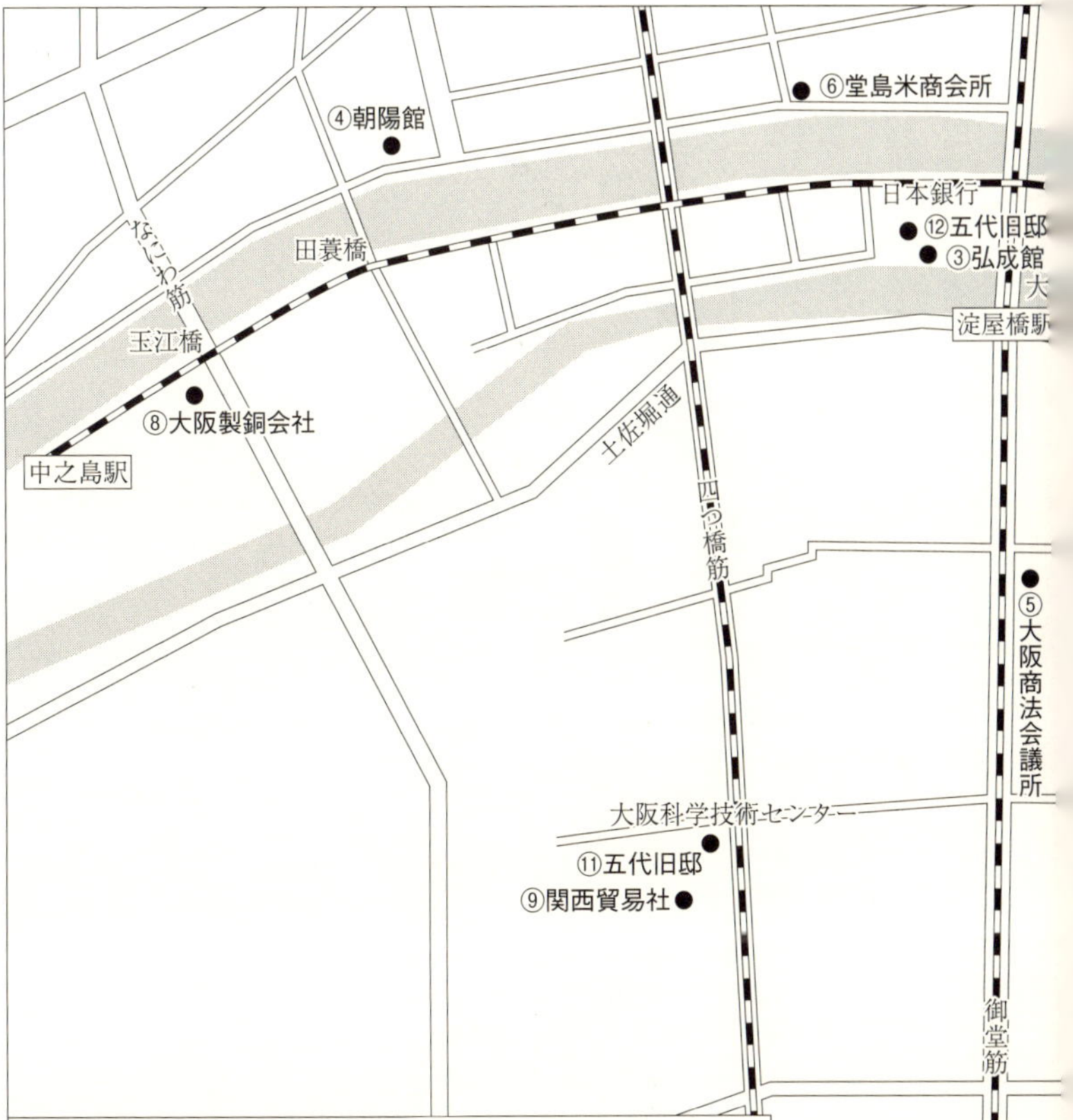

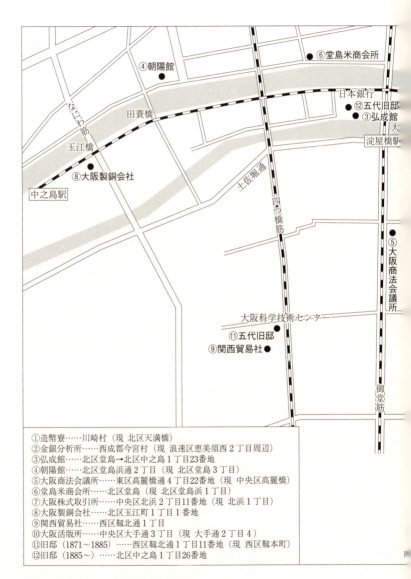

①造幣寮……川崎村（現 北区天満橋）
②金銀分析所……西成郡今宮村（現 浪速区恵美須西２丁目周辺）
③弘成館……北区堂島→北区中之島１丁目23番地
④朝陽館……北区堂島浜通２丁目（現 北区堂島３丁目）
⑤大阪商法会議所……東区高麗橋通４丁目22番地（現 中央区高麗橋）
⑥堂島米商会所……北区堂島（現 北区堂島浜１丁目）
⑦大阪株式取引所……中央区北浜２丁目11番地（現 北浜１丁目）
⑧大阪製銅会社……北区玉江町１丁目１番地
⑨関西貿易社……西区靭北通１丁目
⑩大阪活版所……中央区大手通３丁目（現 大手通２丁目４）
⑪旧邸（1871～1885）……西区靭北通１丁目11番地（現 西区靭本町）
⑫旧邸（1885～）……北区中之島１丁目26番地

関係系図

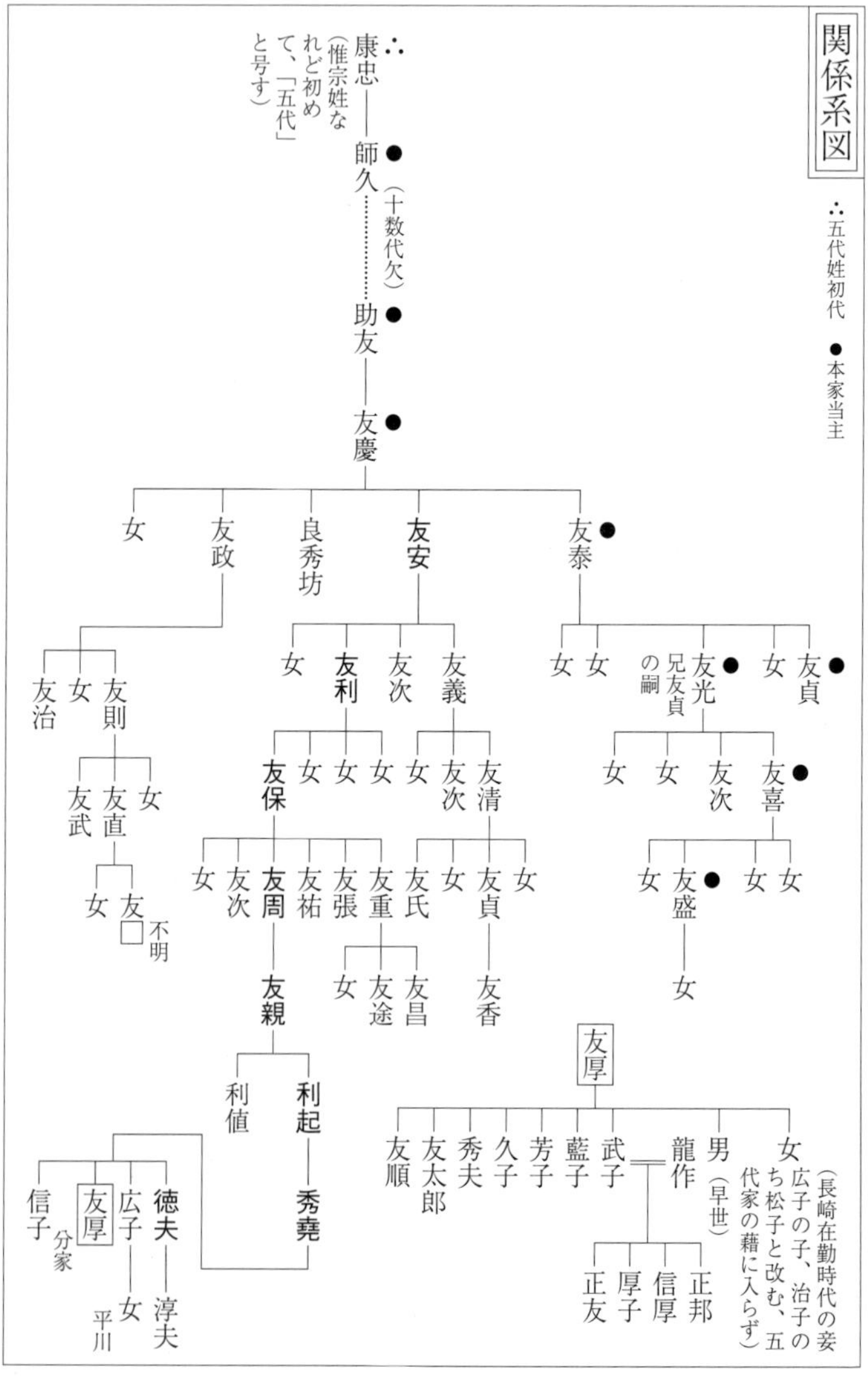
∴五代姓初代
●本家当主
∴康忠（惟宗姓なれど初めて、「五代」と号す）
●師久
（十数代欠）
●助友
●友慶
女
友政
良秀坊
友安
●友泰
友治
女
友則
友武
友直
女
女
友□
不明
女
友利
友次
友義
友保
女
女
女
女
友次
友清
女
友次
友周
友祐
友張
友重
友氏
女
友貞
女
友親
女
友途
友昌
友香
利値
利起
秀堯
信子
友厚
分家
広子
徳夫
女
平川
淳夫
女
女
兄友貞の嗣
●友光
女
●友貞
女
女
友次
●友喜
女
●友盛
女
女
女
友厚
友順
友太郎
秀夫
久子
芳子
藍子
武子
龍作
男
（早世）
女
（長崎在勤時代の妾広子の子、治子のち松子と改む、五代家の藉に入らず）
正友
厚子
信厚
正邦

序章　幕末薩摩藩と五代友厚

島津斉彬と薩摩藩

幕末の薩摩藩を、西南雄藩の一つに育て上げたのは第十一代藩主島津斉彬《しまづなりあきら》であった。斉彬は、祖父である第八代藩主島津重豪《しげひで》の影響を強く受けて洋学に興味を持ち、周囲からは〝蘭癖〟と目されていた。このため、父である第十代藩主島津斉興《なりおき》の後継をめぐって〝お家騒動〟が起きると、薩摩藩の財政を立て直した功労者である家老調所広郷《ずしょひろさと》らは、斉彬の〝蘭癖〟を嫌って島津久光《ひさみつ》を推したという。しかし、斉彬は幕府老中阿部正弘《あべまさひろ》と手を結んで調所を失脚に追い込んだ。こうして一八五一（嘉永四）年、藩主に就任した斉彬は、鎖国の時代にありながら洋学を重んじ、琉球貿易に加えて上海貿易なども展開し、その利益をもとに近代西欧の技術を導入して、薩摩藩の富国強兵に努めた。

九州の最南端、現在の鹿児島県がほぼ薩摩藩の領国であって、薩摩藩がさらに南方に交易を広げて幕府の海外渡航禁止政策に背反しても、そこまでは監視の目が届かない別世界であった。薩摩藩は琉球支配によって黒糖を入手し、それを大坂などで昆布と交換した。さらに琉球を隠れ蓑にしてアジア交易圏に接触し、昆布の清国向け輸出と清国からの薬種や書画などの輸入、それらの長崎などでの販売を通じて巨額の利益を上げていたのである。

十九世紀になって、産業革命を経た西欧列強がアジア進出を本格化させるに及んで、アジア交易圏はにわかに活性化した。調所広郷は、そうして形成された広域経済圏のなかで、琉球を通じた清国との密貿易を展開したり、黒糖の専売制を導入したりして利益を上げたのであるが、島津斉彬はさらに積極的に交易活動に参入した。豪商を育てながら実質的に藩営の商社活動のような体制で活動を広げ、巨利を手中にした。のちには、幕末四賢候の一人にあげられるほどの開明君主であった。五代が生まれ育った薩摩藩は、幕末日本では最先端の開明的な雰囲気のなかにあったのである。

誕生と成長

五代才助《さいすけ》（友厚）は、一八三五（天保六）年十二月二十六日に鹿児島城下の城ヶ谷村で生まれた。幼名を徳助《とくすけ》、また才助ともいう。父直左衛門秀堯《なおざえもんひでたか》、母やす子の次男、兄は徳夫、姉広子、妹信子の四人兄弟であった。城ヶ谷村は、鹿児島城の北東五〇〇メートルほどの地で、現在の長田《ながた》町である。

五代家の遠祖は、島津家と同じ惟宗《これむね》氏と称しており、父秀堯は藩の儒臣で家格も禄高も高い上級藩士であった。号を五峰《ごほう》といい、漢学の造詣深く、仏書に通じ、また町奉行を兼ねていた。書をよくし、鹿児島磯野浜の島津家別館仙巌園《せんげんえん》（磯庭園）のなかの江南竹《こうなんだけ》（モウソウチクの別名）の碑文は秀堯の謹撰であり、また薩摩・大隅・日向の地理、歴史を記した『三国名所図会』の編纂・発行にも携わっている。島津斉彬の座右に持し、信任が厚かったという。

実際に、秀堯は島津斉彬に外国から購入した世界地図の模写を命じられ、才助に模写させた。当時十二歳であった才助は喜んで二枚を模写し、一枚は斉彬公に献上して、一枚を自らの書斎に掲げたという。そしてこのとき、斉彬から才助の名前を賜ったといわれる。五代は、一八四六（弘化三）年十歳のとき藩の聖堂・造士館《ぞうしかん》に入学し、そこで漢学や武芸ばかりでなく、外国語教育も受けた。このため、世界地図の模写に必須のアルファベットになじんでいたのである。そればかりではない。書斎に掲げた世界地図を常に眺め、また直径二尺余の球に絹布を張り付け、その上に模写した地図を描いて地球儀を作成し、世界に思いを馳せていたと五代龍作『五代友厚伝』は伝えている。十九世紀半ばは〝七つの海を制した〟大英帝国の最盛期であり、その富強に日本も倣いたいという五代の志は、このころから芽生え、後の生涯を貫いた意志であった。

小松帯刀

五代と同じころ薩摩藩に生まれた人物として、小松《こまつ》帯刀《たてわき》、松方正義《まつかたまさよし》、高崎正風《たかさきまさかぜ》など多士多彩な顔ぶれがあり、また三歳年長に松木弘安《まつきこうあん》（のちの寺島宗則《てらしまむねのり》）がいた。小松、松方とは、児童院の学塾に入学した一八四二（天保十三）年以来の交友と思われ、長じては藩校である造士館の同窓であった。なかでも小松や高崎とは、公私にわたって終生親交を結んだ。

小松は島津久光に重用され、家老職となって五代の留学生派遣の建議を実現させた。西郷隆盛《さいごうたかもり》、大久保利通など維新の立役者と五代との仲をとりもったのは小松であり、一方で小松とトーマス・グラバー（Thomas Blake Glover）の仲介役となったのは五代であった。維新後、小松は外国事務掛、外国官副知官事として大坂で出仕し、五代を外国事務局判事に取り立てた。小松が病床にあったとき、五代は日ごとに訪れて囲碁に興じたといい、小松が早世したのち、妾の琴とその娘を五代が自邸に迎えて世話をするなど、公私にわたる親交があった。

また高崎正風は、幕末には久光の意を受けて公武合体に尽力し、明治維新後に歌人として名をなし

松方正義

高崎正風

て初代御歌所《おうたどころ》所長を務めた人物である。五代とは私的な付き合いが深く、五代の薩摩における風評を心配した書簡などが多く残されている。

一方で松木は、斉彬の侍医などを務めたのち、薩英戦争の際に五代とともにイギリス艦の捕虜となり、薩摩藩の遺欧使節にも五代とともに加わったが、維新後は外交官として活躍し、五代とは疎遠になっていった。

時代の転換点

五代の生きた時代は、世界史の大きな転換点であった。十九世紀の初め、蒸気船が実用化され、西欧諸国のアジア進出は促進されていった。なかでも、一八四〇年に勃発したアヘン戦争では、イギリス艦隊が蒸気船によって揚子江を遡上し、清朝との戦いに圧勝したことは、長らく中国を文明の中心として尊崇してきた日本に、大きな思想の転換を迫った。またアメリカやロシアも、蒸気船を繰って太平洋やインド洋を横断し、日本近海に出没するようになった。度重なる外国船の来航に遭遇して国内に海防論が高まり、そして、徳川幕府もまた危機意識を強め、海防政策を大きく転換するとともに、自ら西欧技術の導入に着手したのである。技術革新が、洋の東西で歴史の流れを大きく変えた時代であった。

徳川幕府は、一八五三(嘉永六)年に大船建造を解禁して諸藩に大船の建造を許した。これによって、それまで幕府が一手に担ってきた海防を諸藩にも分担させ、一挙に日本全土の海防体制を整備しようとしたのである。同時に、幕府は浦賀で洋式帆船の軍艦建造に着手し、また一方で蒸気船の購入をオランダに依頼し、自らも洋式海軍の整備を急いだ。浦賀に軍艦作事場を設け、石炭調達体制を整備した。やがては、横浜・横須賀での製鉄所建設につながっていく動きの始まりであった。

しかし、翌一八五四年一月にペリーが浦賀沖に再度来航し、さらに十月にはロシア使節プチャーチンが下田沖に来航した。プチャーチン使節団は、折からの安政東海地震によってその旗艦「ディアナ」を損傷、その後座礁・沈没したため、西伊豆の戸田《へだ》で代船の建造を開始した。幕府は、戸田で建造された代船「ヘダ」を見分して技術的知識を得ることができ、その情報は洋式帆船に関心をもつ武士や船大工に広く共有されていったという。

幕府の蒸気船購入計画は、クリミア戦争の勃発によって頓挫した。オランダ商館長のD・クルチウス（Jan Hendrik Donker Curtius）は、一八五四年七月、洋式艦船の購入が難しくなったことを伝え、代わりにオランダが日本に派遣する蒸気船「スームビング」（Soembing）の滞日中に、造船術、航海術、蒸気機関学などを伝授することを告げた。こうしてオランダ海軍中佐G・ファビウス（Gerhardus Fabius）がオランダ商館で海軍伝習を行い、長崎の地役人をはじめ、佐賀藩士、福岡藩士、薩摩藩士などが伝習を受けたのである。幕府は、その後スクリュー式蒸気船二隻の建造と造船・航海技術の教師派遣をオランダに依頼し、一八五五年六月、オランダ海軍中佐G・ファビウスが蒸気船「ゲデー」（Gede）を指揮し、日本に寄贈することになった「スームビング」とともに来崎した。こうして、長崎奉行所の西役所を教場として海軍伝習所の開設に至ったのであった（神谷大介『幕末の海軍――明治維新への航跡』）。

幕府が、従来の海防政策を大転換して、洋式艦船の建造や海運・造船技術の習得に前向きになったのと同時に、急速な海防体制整備に向けて諸藩の力を必要としたことは、諸藩の海軍整備を促進し、結果として幕府の権威を相対化するとともに、幕藩体制の崩壊を準備することになった。実際に一八六〇年代に入ると、佐賀藩をはじめとして各藩は一斉に蒸気船の建造や購入に邁進した。大船建造の解禁から幕末までの間に、幕府が購入した洋式艦船は三四隻、薩摩藩が一七隻、土佐藩一〇隻、長州藩と久留米藩、佐賀藩がそれぞれ六隻、熊本藩が五隻であり、その他も合わせて総数一一七隻に上ったのである。これらの洋式艦船を操船していたのは、海軍伝習所の卒業生が中心であった。佐賀藩は、海軍育成のため船手稽古所を設置し、長崎の海軍伝習所が閉鎖されると、伝習生を講師として教育体制も整備した。長州藩も同様に、西洋学所を設けて技術の伝習と軍制改革を進め、一八六三～六四年には下関海峡でフランス・オランダ・アメリカ・イギリスの四国艦隊と海上戦を繰り広げるに至った。さらに薩摩藩も、艦船の建造と購入によって海軍を整備している。これらの過程で、いわゆるお雇い外国人がいなかったことは、注目に値する。これほどの短期間に諸藩による西欧技術の吸収がなされ、西欧艦隊と一戦を交えるまでに習熟していったのである。

もっとも、より重要であったのは、西欧に対峙する日本、という近代的国家意識を育てたことであろう。日本の歴史学では、尊王攘夷や倒幕といったスローガンが重要視されているが、むしろ西欧近代技術の優越性を認めるなかで、幕臣を含めて幕府や藩といったそれまでの枠組みを超えた国家意識が芽生えたことは、明治維新以後の近代化の原動力を考えるうえで重要である。五代は、諸藩のなかでも先頭を切って近代技術の導入に熱心であった薩摩藩という環境のなかで人格を形成し、薩摩藩の利害といった狭い視野をつきぬけ、強烈な国家意識を持つに至るのである。

開明思想の形成

一八五七（安政四）年二月、五代友厚は長崎の海軍伝習所に藩からの伝習生として入り、勝麟太郎《かつりんたろう》（海舟《かいしゅう》）をはじめとする幕臣や、税所四郎左衛門《さいしょしろうざえもん》（篤敬、のちの篤《あつし》）、波江野休右衛門《はえのきゅうえもん》（休衛）、川村与十郎《かわむらよじゅうろう》（純義《すみよし》）、磯永孫四郎《いそながまごしろう》など薩摩藩士との交流を深めた。ここで学んだ操船術や語学は、幕末維新期に五代がエリートの海軍士官として活躍する素地となったのである。

薩摩藩の志士として名高い大久保利通や西郷隆盛は下級藩士であって、彼らの活動の舞台はもっぱら京であった。その時代、五代はほとんど長崎に在住していたため、大久保らとの深い交流はなかっ

勝海舟

大久保利通

た。五代は、小松を通じて薩摩藩の志士たちばかりでなく、土佐の坂本龍馬《さかもとりょうま》など他藩の志士たちと交流があり、また長崎では長州の高杉晋作《たかすぎしんさく》をはじめ、藩の交易活動を通じて城戸寛次《きどかんじ》（桂小五郎《かつらこごろう》、のちの木戸孝允）や広沢藤右衛門《ひろさわとうえもん》（兵助あるいは平助、真臣《さねおみ》）と、さらに佐賀藩の中牟田倉之助《なかむたくらのすけ》、大隈八太《おおくまはちた》郎《ろう》（重信）、土佐の坂本龍馬、後藤象二郎といった志士たちや、勝麟太郎（海舟）をはじめとする開明派の幕臣たちとの交流を深めた。

海軍伝習所に遊学した五代は、当初はオランダ海軍士官P・ライケン（Gerhard Christiaan Coenraad Pels Rijcken）らによる第一期講習を受け、次いで練習艦と教員の交代に伴って、カッテンディーケ（Willem Johan Cornelis ridder Huijssen van Kattendijke）について学んだ。カッテンディーケは『長崎海軍伝習所の日々』という回顧録を出版しているが、そのなかで記憶に残る学生として触れているのは、幕府からの伝習生のまとめ役としての勝麟太郎と、俊才であった薩摩の松木弘安（寺島宗則）であって、そこに五代は登場していない。その意味では、あまり目立つ生徒ではなかったのかもしれない。しかし、カッテンディーケはたびたび航海実習を行っており、そこで五代は、実践的な操船技術を身につけたのであ

大隈重信

る。

さらに、藩際的ともいえるネットワークのなかで西洋知識を学んだ五代は、コスモポリタンとしての感覚を身につけていった。それだけに、故郷の薩摩藩からは多分に浮いた存在となっていったと思われる。のちに、薩英戦争の際に自らイギリス艦に乗り込んで捕虜になったことが、ますます薩摩における五代の地盤を危ういものとした。維新後に至るまで、五代は常に故郷からの批判にさらされ続けることになったのである。

五代の活躍の舞台は、もっぱら長崎であった。薩英戦争でイギリス艦に捕われ、横浜に上陸した際には、薩摩藩からの批判だけではなく幕府の探索も厳しかったため、潜伏を余儀なくされた。しかし、そうしたなかで五代が逃げ込んだ先は長崎であった。長崎には長崎通詞の堀孝之《ほりたかゆき》、岩瀬弥四郎《いわせやしろう》（徳兵衛、公圃《こうほ》）、長崎商人の永見伝三郎《ながみでんざぶろう》・米吉郎《よねきちろう》、さらにスコットランド商人トーマス・グラバーなど、彼が親しく交流を重ねてきた多彩な人脈があった。

この長崎で、五代は広範な西洋知識、とりわけ航海技術を身につけたばかりでなく、商人としての判断力や技量も身につけ、さらに時代を突き抜けた国際感覚をも養ったのであろう。五代は、一八六四（文久四）年五月に提出した上申書のなかで、世界のパワーポリティクスを捉えて「地球上一般の風俗」と活写し、「天下の形勢開国に帰するの時期近々可有」と述べている。このような鋭い時代感覚と、一藩の利害得失を超越した発想を持っていた五代は、軍事力がものをいう国際社会のなかに日本が切り込んでいくには、富国強兵が必要であることをはっきりと認識していたのである。そして、薩摩藩から訪れる藩士たちに熱心な開国論と英仏留学生派遣の必要を説き、グラバーを通じたイギリスとの交流で富国強兵を実現するべきであると、自らの持論を展開した。こうした五代の熱弁に触れて、川村純義や野村宗七《のむらそうしち》、また天誅組《てんちゅうぐみ》に参加して敗走後薩摩に亡命していた北畠治房《きたばたけはるふさ》なども、その考えに共鳴し、開国論に転向したと伝えられている。さらに五代の影響は薩摩藩の藩政にも及び、藩主久光のもとで富国強兵が薩摩藩の国策となっていったのである。

第一章　西欧近代に学ぶ

1　長崎遊学と上海渡航

長崎への遊学

五代友厚が、実業への志を確かなものにしたのは、長崎への遊学時代であった。海軍伝習所の伝習生として学んだ一年半余りの間に基礎知識や語学を修め、いったん帰藩したのち再び長崎に藩命で遊学した五代は、上海に渡航して見聞を広め、またスコットランド商人トーマス・グラバーや長崎の豪商永見伝三郎、通詞堀孝之・岩瀬公圃などとの交友を深めて、商社設立計画を立てるなど、実業への関心を高めていったのである。

五代が、初めて長崎に遊学したのは一八五七（安政四）年二月、幕府の設置した海軍伝習所の伝習生としてであった。幕府の海軍伝習所には諸藩から伝習生の参加が許され、そこに五代も薩摩藩伝習生として参加したのであった。海軍伝習所が設立されたのは一八五五年であり、幕府はオランダから

観光丸
（オランダ皇帝より贈られたスームビング号）

航海技術や砲術、その基礎知識など、各分野の専門家派遣の申出を受けて、伝習所開設の体制を整備した。海防掛目付として、長崎に在勤中の永井《ながい》尚志《なおゆき》を伝習方目付に任命し、江戸から小十人組《こじゅうにんぐみ》の矢《や》田堀景蔵《たぼりけいぞう》と小普請組《こぶしんぐみ》の勝麟太郎（海舟）を派遣し、伝習生頭として伝習所の開設にあたらせた。また、浦賀奉行組与力の中島三郎助《なかじまさぶろうすけ》以下鉄砲方、天文方所属の与力・同心ら四五名に、幕府伝習生を任じた。これらの伝習掛や伝習生は、一八五五年秋につぎつぎ長崎入りした。さらに、伝習掛通訳として、岩瀬弥四郎（公圃）や本木昌《もときしょう》造《ぞう》らが任ぜられ、やや遅れて榎本釜次郎《えのもとかまじろう》（武揚《たけあき》）も伝習所開設の事業に参加している。そして一八五五年末から、航海、砲術、測量、数学などの授業が開始された。数カ月の試行錯誤を経て、授業もスムーズに進行するようになったため、翌一八五六年には幕府の資金で造船所の建設に着手した。一八五七年からは諸藩から選抜された伝習生も加わった。

幕府は、海軍伝習所の運営が軌道に乗ったと考え、江戸に軍艦教授所を設けて本格的な訓練を開始することにした。そのため幕府伝習生の大部分は、観光丸と命名された「スームビング」に乗船して、三月に江戸に向けて出発したのである。しかしこのとき、勝や榎本は長崎に残った。その後、八月にカッテンディーケやポンペ（Johannes Lydius Catherinus Pompe van Meerdervoort）ら三十数人の新任教師が、のちに咸臨丸《かんりんまる》と名づけられた「ヤーパン（Japan）」で到着した。カッテンディーケは、航海実習を多く取り入れて実践的な教育をしたようである。さらに九月から、ポンペによる正規の西洋医学の講義が始まり、その生徒のなかには、のちに五代が世話になる医師松本良順《まつもとりょうじゅん》をはじめ、司馬《しば》凌海《りょうかい》、緒方惟準《おがたこれよし》（洪庵の次男）ら、日本における最初の近代医学の担い手となる人たちがいた。

薩摩藩から選抜されて海軍伝習所に遊学したのは、五代才助（友厚）のほか税所四郎左衛門（篤敬）、波江野休右衛門（休衛）、川村与十郎（純義）、磯永孫四郎など一六名であった。そのほかに肥後から五名、筑前から二八名、長州一五名、肥前四七名、津一二名、備後四名、掛川一名の名があげられている（日本経営史研究所編『五代友厚伝記資料』第四巻）。四七名と最多の伝習生を送り込んだ肥前＝佐賀藩は、蘭学がさかんですでに反射炉を築造しており、伝習生の習熟がもっとも速やかであったという。

五代は、一八五七年二月の遊学当時、満二十一歳であった。五代は薩摩藩の造士館で学び、父の死の翌年、一八五四年に十八歳で藩の郡方書役助《こおりかたかきやくすけ》として出仕した。薩摩藩は、開成所を設けて外国語教育を行うなど、西洋文化の吸収には熱心であったし、五代も造士館で外国語教育を受けていたから、一応はオランダ語を理解できたと思われる。すでにみたように、十二歳のとき斉彬から命じられて世界地図の模写をしており、このときすでに、地図を正確に模写するだけのアルファベットの知識を持っていたのである。もっとも、すべてオランダ語で授業が行われる伝習所の授業には、かなり高度な語学力が必要であったろう。

一八五八年十月、藩主島津斉彬が七月に逝去したのに伴って、五代は帰藩を命じられた。それまでの一年九カ月の伝習生としての勉学は、五代にとって実り多いものであったろう。オランダ語と航海術を学んだばかりか、英語も若干は学んだらしい。そのうえ勝海舟らとの交流は、斉彬の影響下で海外に強い関心を寄せていた五代にとって、開国論の思想を固めさせてくれたに違いない。こうして伝習所の教育と実地経験、交遊は、その後の五代の活躍にとって大きな糧となって生かされていくのである。

五代が再び長崎に遊学したのは、一八五九年五月であった。折しも、幕府が前年締結した日米修好通商条約などに基づいて、神奈川、長崎、函館の三港が開港されることになり、囂々たる論議が巻き起こっている最中であった。このときから一八六八（慶応四）年一月、明治新政府に出仕するまでのほぼ一一年間を、五代は長崎を本拠地として過ごした。幕府と朝廷のあいだで攘夷論が猛威を振るい、志士たちが武力闘争に明け暮れている間、五代は長崎でグラバーとともに艦船の買い付けなどの活動をしていたのである。

長崎で、五代は多彩な人脈を築くことができた。薩摩藩関係者では、伝習所の同学である松木弘安（寺島宗則）や波江野休右衛門、家老の小松帯刀、また長州藩の高杉晋作、城戸寛治（木戸孝允）、広沢藤右衛門（真臣）、佐賀藩の中牟田倉之助、大隈八太郎（重信）、土佐の坂本龍馬、後藤象二郎といった志士たち、さらに勝海舟をはじめとする開明派の幕臣たちや長崎通詞の堀孝之、岩瀬弥四郎、長崎商人永見伝三郎・米吉郎、スコットランド商人トーマス・グラバーなどであった。

上海への渡航と蒸気船の購入

長崎における五代の活躍のうち、特筆すべきことの一つは上海への渡航と蒸気船の購入である。薩摩藩は、島津斉彬の方針で早くから洋式艦隊の建造に取り組んでいた。一八五三（嘉永六）年には、幕府の大船建造解禁と同時に洋式帆船一二隻、蒸気船三隻からなる艦隊建設計画に着手し、実際に四隻の帆船と一隻の蒸気船を建造した。しかし、オランダのテキストを箕作阮甫《みつくりげんぽ》が翻訳した『水蒸船説略』の記述と図面を頼りに、自力で建造した蒸気船「雲行《うんこう》」は、鹿児島まで自力航行してきたものの、軍艦として役立つものではなく、計画は失敗に終わった（中岡哲郎『日本近代技術の形成』）。薩摩藩は、この失敗に鑑みて艦隊建設計画をあきらめ、五代が長崎に戻ったころには買船主義へと転じた。輸入によって早期に近代的軍備を整備する方針を採ったのである。こうした歴史的転回点を、今津健治は、「いわば機械工業不毛の近代国家として運命づけられた」（『近代日本の技術的条件』）と位置づけている。しかし当時は、機械工業において彼我の技術的落差が際立って大きかったのであるから、斉彬の方針転換は極めて合理的な判断であった。また、長崎海軍伝習所の教官であったカッテンディーケは、馬力が十分に出ないなど「雲行」の欠陥を指摘しながらも、「ただ簡単な図面をたよりに、この種の機関を造った人の才能の非凡さに、驚かざるを得ない」（カッテンディーケ前掲書）と、当時の日本の職人の潜在的技術力を高く評価している。

こうして蒸気船の調達は、五代の重要な使命となった。五代の上海渡航については諸説があるが、仮に宮本又次『五代友厚伝』の考証にしたがって「三回プラスアルファ」としておこう。その最初は、一八六二（文久二）年一月にグラバーとともに上海に渡り、汽船を購入して二月二十三日に鹿児島に

薩摩藩購入の洋式艦船

船舶名	受取年月	推進機関	船材	船長(m)	船幅(m)	喫水(m)	馬力	噸数	建造国	受取地	代価(千ドル)
天　祐	万延元.11	蒸気・スクリュー	鉄				100	746	イギリス	長崎	128
永　平	文久2.8	蒸気・スクリュー	鉄				300	447	イギリス	横浜	130
白　鳳	文久3.3	蒸気・スクリュー	鉄				120	532	アメリカ	長崎	95
青　鷹	文久3.4	蒸気・スクリュー	鉄				90	492	イギリス	長崎	85
安　行	文久3.9	蒸気・スクリュー	鉄	55	6		45	160	イギリス	長崎	75
平　運	元治元.1	蒸気・スクリュー	鉄	47	10		150	750	イギリス	長崎	
胡　蝶	元治元.2	蒸気・外車	鉄	43	8	4	150		イギリス	長崎	75
翔　鳳	元治元.4	蒸気・スクリュー	鉄					461	イギリス	長崎	120
乾　行	元治元.7	蒸気・スクリュー	木					164	イギリス	長崎	75
豊　瑞	元治元.10	蒸気・スクリュー	鉄	62	7		150		イギリス	長崎	
龍　田	慶応元.6	バーク	木	32	6			383	アメリカ	長崎	19
開　聞	慶応元.7	蒸気・スクリュー	鉄					684	イギリス	長崎	95
万　年	慶応元.9	蒸気・スクリュー	鉄					270	イギリス	長崎	75
三　邦	慶応元.10	蒸気・スクリュー	鉄	54	7	2	110	410	イギリス	長崎	80
桜　島	慶応元.10	蒸気・スクリュー	鉄	46	6	3	70	205	イギリス	長崎	60
大　極	慶応2.3	スクーナー	木						イギリス	長崎	12
春　日	慶応3.11	蒸気・外車	木	75	9	4	300	1,015	イギリス	長崎	

出典：神谷大介『幕末の海軍』141頁。原典は「船譜」（『海軍歴史』所収）。

回航したことである。このとき購入した船は、長さ約四五メートル、一五〇馬力、代価八万元（およそ四万両余）であったと伝えられているが、『薩藩海軍史』には直接該当する記載がなく、真相は不明である。なお、勝海舟ほかの編纂による幕府の『海軍歴史』によると、薩摩藩は一八六二年に蒸気船「永平」三〇〇馬力、四四七トンを一三万ドルで購入し、八月に横浜で受け取っている。

幕末までに、薩摩藩が購入した洋式艦船は合計一七隻で（上表参照）、幕府の三四隻に次ぐ多数であり、土佐藩の一〇隻を大きく上回っていた。そのうち、薩英戦争の際に薩摩藩が所有していたのは、前記の「永平」のほか、五代の指揮下にあってイギリス軍によって焼却・撃沈された「天佑」「青鷹」「白鳳」の三隻だけである。「天佑」は一八六〇（万延元年十一月、川南《かわみなみ》（汾陽《かわみなみ》カ）清兵衛《せいべえ》と五代が長崎で購入したイギリス商船「イングランド」で、代価一二万八〇〇〇ドル（ほぼ七万三千両）、鉄製、一〇〇馬力、七四六トンのグラスゴーで建造された蒸気内輪船（スクリュー船）。「白鳳」は一八六三年三月、長崎で購入した旧名「コンテスト」で、代価九万五〇〇〇ドル、鉄製、一二〇馬力、五三二トンのボストンで建造された蒸気内輪船。「青鷹」は一八六三年四月に上海で購入したイギリス船「サー・ジョージ・グレイ」で、代価八万五〇〇〇ドル（五万二千両）、鉄製、九〇馬力、四九二トンのハンブルグで建造された蒸気内輪船であった。

ただし高杉晋作は、その「上海掩留日録」で「蒸気船買入ノ節ノ咄ヲ聞クニ、余程有益ニ相成様子ナリ。蒸気船買入ノ直段十二万三千ドル、日本金ニ直シ七万両」と記しており、蒸気船購入に関心の深かった高杉の記録を信じるなら、これは一年前の「天佑」購入の件を指していると推定できる。あるいは、グラバーの斡旋によって長崎で蒸気船を購入したのかもしれず、そのことが五代の上海渡航と混同されて、鹿児島に伝えられたのかもしれない。

第二回目の渡航とされているのは、幕府の上海貿易派遣船「千歳《せんざい》」に水夫として乗船し、上海で市況調査をした一八六二年四月である。当時、幕府は列強との修好通商条約締結によって政治的へゲモニーを確保することが難しくなりつつあり、一方で諸大名への宥和策をとりながら、他方で自らの基盤を固めるため、支配を強化する方策を模索していた。そうしたなかで上海貿易の利益に着目し、一八六一年八月ころ市場調査を目的とする使節の派遣を決定したのである。上海定期航路の運航によって巨額の利益をあげていたイギリス商人リチャードソンから、その所有船「アーミチス」三五八トンを三万四〇〇〇ドルで買い入れ、「千歳」と改名して、一八六二年一月に江戸を出帆した。「千歳」は長崎に三カ月余り停泊し、石炭、朝鮮人参、煎海鼠《いりなまこ》、干鮑《ほしあわび》、昆布など貿易品を積み込んだ。幕府役人とその従者、長崎商人、リチャードソン船長以下、外国人船員一五名など総勢五一名が乗船して、同年四月に日の丸の旗を掲げ、上海に向けて長崎を出帆したのである。幕府役人従者のなかには、長州の高杉晋作、佐賀の中牟田倉之助をはじめ、会津、尾張、阿波などの藩士がいた。「千歳」は、上海に二カ月逗留して市場調査の任を果たし、七月には長崎に帰帆した。

高杉や中牟田が従者の資格で乗船しているのに、なぜ五代が水夫の資格であったかについては、『五代友厚伝』は次のように伝えている。

乗組員の姓名届出後にて、解纜《かいらん》の期も両三日に迫まり、又た君を加ふること能はず。然れども公圃、君の衷情の切なるを察して曰く、「事茲に至りては如何とも為し難し、君に策なきや」と。君沈思久ふして一策を案んじ、公圃に図りて身を水夫に変じ、直ちに船長をして「水夫一名不足せり、依って隣島にて才蔵なる者を雇入れ、同行す。」と届出しめ、君の佩刀《はいとう》及び衣類は総て、之を公圃の行李《こうり》に納め、辛ふじて一行に加はることを得たり。

このように、通詞である岩瀬の配慮によって、五代は乗船できたのである。五代の乗船が許されなかったのは、幕府と薩摩藩の関係が悪化していたことに原因があったものと思われ、薩摩藩士は一人も乗船していなかった。五代は、出港後は身分を明らかにして、各藩藩士たちと密に交流した。なかでも高杉は、上海逗留中にも「千歳」で宿泊していた五代を頻繁に訪ね、また一緒に書籍を購入するために外出したりした。高杉は、五代が上海貿易に大いなる関心を寄せていた様子を、生々しく伝えているのである。もっとも「千歳」による直貿易の試みについては、『中牟田倉之助伝』によると、幕府は長崎商人と長崎の地役人に一任し、商人は通詞を頼み、通詞は外国人とのみ協議して進めたため、結局イギリス人商人にだまされて終わったという厳しい評価を下している。

一八六二（文久二）年一月、五代は薩摩藩によって長崎における御船奉行副役に任ぜられた。『五代友厚伝』によれば、五代は「天佑」の船長を務めて鹿児島への回航を指揮し、さらに翌年には、「青鷹」購入に長崎で関与した。このような藩命による艦船輸入に従事することで、五代は貿易知識を蓄積したのであろう。

上海にイギリス人がやってきたのは、アヘン戦争ののち南京条約を締結し、条約に基づいて上海が開港された一八四三年であった。その後イギリス租界を設置し、港を整備し、道路を建設し、ジャーディン・マセソン商会やデント商会など、多くの商人がやってきた。五代が上海の地を踏んだ一八六二年には、黄浦江西岸のザ・バンドに沿って商館が立ち並び、上海は一大ビジネスセンターへと発展していたのである。そのような西欧風の市街と、生糸や茶の貿易で巨富を築いた大商人を目のあたりにした五代が驚嘆し、上海貿易への志を固くしたであろうことは想像に難くない。そしてこのときの見聞は、上海貿易にとどまらず、渡欧の志となって、のちにモンブラン伯爵との貿易商社計画や薩摩藩留学生のイギリス派遣となって結実していったのである。

2　薩英戦争から薩摩藩英国留学生の派遣へ

薩英戦争の勃発

一八六二（文久二）年八月、五代友厚は藩命によって長崎から江戸に向かった。当時、薩摩藩の実権を掌握していた「国父」島津久光は、公武合体を進めるため、幕府改革三事策をもって勅使大原重徳《おおはらしげとみ》を護衛して東下し、一橋慶喜《ひとつばしよしのぶ》の将軍後見職、松平慶永《まつだいらよしなが》の政事総裁職への任命について、幕府に働きかけていた。五代が到着してまもなく、久光が帰国の途についた八月二十一日に、神奈川宿手前の生麦村で、久光に供奉する薩摩藩士が騎乗のイギリス人を切り捨てるという事件を起こした。いわゆる〝生麦事件〟である。この事件に対して、イギリス代理公使ニール（Edward St. John Neale）は、幕府に一〇万ポンドの賠償金を要求し、薩摩藩に対しては、犯人の逮捕処刑とともに、遺族扶助料として一万ポンドの支払いを要求した。薩摩藩が支払いに応じなかったため、イギリスは軍艦七隻を鹿児島に派遣し、湾内に停泊させて薩摩藩との直談判を要求した。一八六三年六月、薩英戦争の発端であった。

五代は、久光とは別途長崎に帰っていたが、生麦の事件とイギリス艦の鹿児島派遣を聞いて、イギリス艦が石炭補給のため長崎に立ち寄ることを予測した。そのチャンスを捉えて、五代自らの独断でイギリスに一万ポンドを支払い、鹿児島が焦土と化すのを防ごうと考えた。さらに、自らは責任をとって切腹する覚悟を決めていたという。またイギリス側も、海軍軍医のレニーが、八月七日（旧暦・開戦八日前）に、長崎においてグラバーとともに薩摩藩の五代友厚ともう一人の高官を訪問し、「衝突回避の処置や賠償金の支払い方法について会談した」という（杉山伸也『明治維新とイギリス商人』）。しかし、イギリス艦が鹿児島に直航したため、五代は通詞堀孝之を伴って急遽帰藩、戦闘の回避を説諭しようとしたが、そのときすでに藩論は開戦に決していた。結局、五代は自ら「天佑」に乗り、他二隻の軍艦を指揮して鹿児島の守りにつくこととなった。

島津久光

　薩摩藩は、ニール代理公使、クーパー（Augustus Leopold Kuper）提督を上陸させて、英語の堪能な藩士松木弘安（寺島宗則）に交渉させようと考えたが、イギリス側の同意を得られなかった。松木は、ロンドンに二年滞在して帰国したものの帰藩を許されず、長崎に逗留していたが、薩英戦争の勃発を聞いて五代とともに鹿児島に戻ったのである。五代は「天佑」に乗り込み、松木も「青鷹」を指揮して「白鳳」とともに鹿児島湾で待機していた。外交交渉を拒否したイギリス軍は、「天佑」など三隻を急襲し、船の明け渡しを要求した。五代と松木は、開戦布告がなされていないのに船を拿捕することは不法であるとして抗議したが、撃沈するという威嚇を受けて乗組員を避難させ、二人は船中に残留した。このため捕虜として旗艦「ユリアラス」（Eury-alus）に連行され、クーパーから尋問を受けた。三隻が拿捕され、曳航されていくのを見た薩摩藩側では、砲撃命令を下してイギリス艦への攻撃を開始した。このとき「ユリアラス」は、弾薬庫の前に格納していた幕府賠償金を片付けるのに手間どって応戦できず、桜島側の砲台下にいた艦船「パーナサス」（Pernasus）は上甲板を打ち抜かれて後退した。クーパーは、曳航してきた三隻を撃沈させて、ようやく反撃に転じたのであった。

イギリスの反撃が始まると、最新型アームストロング砲による砲撃は正確で強力であり、大砲弾薬製造所のあった集成館《しゅうせいかん》が炎上したほか、鹿児島市街は広い範囲にわたって焼失した。この攻撃による薩摩側の戦死者は砲台で一人、負傷者九人、市街の死傷者を入れても死傷者合計で一九人と少なかった。他方でイギリス側の損害は、軍艦七隻のうち二隻が航行不能となって応急修理を要し、旗艦艦長と副長が戦死、人的被害は死者合計一三人、負傷者合計五〇人（内七人のちに死亡）に上った（『薩藩海軍史』中巻、『元帥公爵大山巌』）。大砲の性能では、イギリス艦は薩摩藩の敵う相手ではなかったが、薩摩藩の軍艦三隻を拿捕するため鹿児島湾の奥深くまで入り込んでおり、このことがイギリス側の被害を大きくしたといわれている。艦長らの戦死で戦意を喪失したイギリス艦隊は、七月四日に五代、松木の二名を拉致したまま鹿児島湾から撤退し、横浜に向けて出航した（萩原延寿『遠い崖 アーネスト・サトウ日記抄（二） 薩英戦争』）。

ちなみに、アーネスト・サトウはこのときの五代らの印象を、「前者（五代）は気品のある容貌のすこぶる立派な男子で、私の見るところでは艦長だったと思う。もう一人（松木）は医者だったが、この方は一八六二年の第一回日本遣欧使節に随行してヨーロッパに行き、ちょうど帰国したばかりであった」と記している（アーネスト・サトウ『一外交官の見た明治維新』）。

五代らは、ユリアラスの甲板上から戦闘の一部始終を見ていた。このとき、クーパーに薩摩藩の実力を尋ねられた五代と松木は「古来本邦の士風は死を観ること猶期するが如し、殊に我が薩藩は武を以て天下に鳴る（中略）。陸上十万の鉄騎は一人として生を欲する者なく、決死奮戦すべきは秋毫も疑いを容れず」と応じた。これを聞いてクーパーは上陸作戦を思いとどまった、と五代龍作『五代友厚伝』は伝えている。また宮本又次もこれを受けて、「鹿児島を救ったものは囚われた五代の弁舌だったともいえる」と評価している。しかし、五代たちの大言壮語が鹿児島を救ったというのは過大評価であって、実態はイギリス側が思わぬ被害の大きさに戦意を失い、本国からの査問も恐れて早々に引き揚げたものであろう。

江戸に帰ったニールは、ふたたび強気に戻って交渉にあたった。薩摩藩では、家老の小松帯刀をはじめ、大久保一蔵（利通）、中山中左衛門《なかやまちゅうざえもん》ら開明派が講和の要を説いた。小松は島津久光の藩政改革を補佐して家老職に就いており、大久保ら改革派の下級武士を藩政に参画させることに尽力したことから、彼らの信望が厚かったのである。そして、五代にとって最も親しい友人であった。

大久保は岩下佐治右衛門《いわしたさじえもん》（方平《みちひら》）、重野厚之丞《しげのあつのじょう》（安繹《やすつぐ》）らを従えて交渉にあたり、十月にイギリス大使館で講和に応じた。薩摩藩は、賠償金二万五〇〇〇ポンドの支払いと犯人捜索に合意したが、その代償として軍艦購入の斡旋をニールに依頼している。鹿児島市街に大きな被害を与えたアームストロング砲の威力を目の当たりにし、西欧の軍事力に覚醒したのであった。

潜伏生活と上申書の提出

横浜まで連行された五代と松木は、イギリス領事の斡旋によって神奈川宿で釈放された。しかし、イギリス側に国情を告げたために助命されたという風評が立ったため、幕府の探索も急となり、薩摩藩の藩論も硬化した。このため、五代と松木は、しばらく潜伏することを余儀なくされたのである。二人は、松本良順の芝新銭座《しばしんせんざ》の塾をひそかに訪ねたのち、武州熊谷在の吉田六左衛門《よしだろくざえもん》の助けで近傍に家を借り受け、潜伏することになった。吉田は、イギリス艦の通詞であった清水卯三郎の親戚であり、憂国の士として志士の間に知られた人物であった。清水は、イギリス艦に拘留されていた五代らと親しくなり、釈放後は彼らの案内役を務めたのである（永井五郎『しみづうさぶろう略伝』）。

翌一八六四（文久四）年一月、藩論がやや緩和したのを探知した五代は、長崎に向けて出立した。松本良順の下僕で川路要蔵《かわじようぞう》と名乗って、吉田六左衛門の養子二郎を伴って長崎に行き、幕臣酒井三蔵《さかいさんぞう》の家に潜伏した。訪ねてきた薩摩藩士の川村純義に十カ条の意見を示し、また野村宗七にも意見を述べたという。彼らが藩の中枢に五代の冤罪を説いたため、四月には久光にも五代の忠誠が通じて罪を赦された。

十カ条の意見書の内容は明らかでないが、五月ごろに提出されたと推測される「上申書」には、上海貿易開設のことや砂糖製法蒸気機械の輸入・設置、英仏両国への留学生の派遣、蒸気船軍艦・大砲・小銃などの購入、銀貨鋳造機械や耕作機械、ワートルポンプ（water pump：揚水ポンプ）、銃薬（小銃用火薬）製造機械、錦織機械（ジャカード機）、鉱山掘削機械などの輸入、鉱山技師や高炉ないし反射炉・製薬（おそらく火薬製造であろう）・造船の技術者の雇い入れなどが進言されていた。さらに、上海貿易の輸出品として、幕府の輸出禁止で国内価格の暴落が予測されていた生糸のほか、茶、昆布、しいたけ、木炭などが、それぞれの調達方法に至るまで列挙されていた。そして、藩内物産を上海で売却し、その利益で砂糖製法蒸気機械を購入し、製造した白糖の販売利益で留学生の派遣と軍艦、大砲、小銃、紡績機械、蒸気機関、鉱山機械を輸入するという、壮大な経済循環を説いたのである（『薩藩海軍史』中巻）。この「上申書」をみると、五代が、薩摩藩の軍事力ばかりでなく、貨幣政策や貿易政策、さらに民政分野では農業、鉱山業、織物業などの振興に関連する近代工業力について、幅広く具体的知識を持っていたことがわかる。実際に、鹿児島の綿糸紡績所や奄美大島の白糖製造所など、五代の「上申書」で提案されていた近代工業が、五代の帰国前後につぎつぎ実現したのである（水田丞『幕末明治初期の洋式産業施設とグラバー商会』）。

五代は、長崎での潜伏生活中に、グラバーや永見伝三郎など長崎商人との交流をさらに密にしたもののようである。このとき五代が上申した上海貿易計画そのものは、とくに目新しい企画とはいえない。かつて五代も乗船した幕府の貿易船「千歳」や、函館奉行の派遣船「健順《けんじゅん》」など、上海貿易で利益をあげた実例があった。しかし一八六四年五月の「上申書」では、貿易品目の調達方法だけでなく、輸入機械・武器・艦船の価格見積や購入資金の調達方法、留学生派遣の経費見積などに至るまで詳述しており、その内容は、グラバーや永見の協力なしには入手し得ない情報を駆使した、詳細かつ具体的なものであった。

さらに「上申書」の前文で、勤皇攘夷による幕府との抗争は「惜かな当時地球上の道理に暗く（中略）古は東印度近くは清朝の覆轍《ふくてつ》を踏みながら国体を思ひ終に国体を失ふの基」であると厳しく論破し、一方で西欧諸国は、富国強兵によって現今の繁栄を築いたと論じている。薩英戦争での経験を通じて、西欧列強の経済力と軍事力の源泉が、近代工業の生産力と技術力にある、すなわち富国強兵は「地球上の道理」であると五代は理解したのである。そして、そのための貿易拡大と技術導入が、自らの使命であると感じるようになったことを、この上申書は示している。

のちに五代は、滞英中の一八六五（慶応元）年十一月に、旧知の薩摩藩士野村盛秀《のむらもりひで》あて書簡で「欧羅巴に於て国家の基本たるもの二あり〝インヂストレード〟〝コンメンシアール〟と云ふ。〝インヂストレード〟は、種々の機械を用ひて、万物を随意に製作して、蓄財の基とすることなり。又〝コンメンシアール〟とは貿易なり。此二を以て国力を充たし、強兵に及ぼすことなり」と、明確に指摘している（『五代友厚伝記資料』第四巻）。「インヂストレード」「コンメンシアール」は、industry と commerce であり、ここにはのちに明治政府の国家目的となった富国強兵の思想が、早くも提起されている。倒幕派の志士とは一線を画して、貿易の拡大と技術導入による工業立国を主張した五代の先見性がわかる。

それとともに、五代を育んだ薩摩藩の開明的な雰囲気、とりわけ近代工業の導入によって藩政を潤そうという経済繁栄を重視する思想も、指摘しなくてはならない。薩摩藩は、すでに斉興の時代に、調所広郷によって砂糖専売制度や国産奨励、琉球貿易の拡大、税制改革などを行って歳入が増加し、一方で藩政改革と借入金返済によって歳出を削減し、藩財政の立て直しに成功していた。その財産を受け継いだ斉彬は、近代工業の導入を目指した集成館事業を展開し、陶磁器やガラス、鋼鉄、大砲、小銃、紡織機、火薬などを製造して成果をあげた。さらに、琉球を通じてフランスとの和親条約を模索し、藩内の俊才を選抜して琉球に渡航させ、琉球からフランスに長期留学させる計画も、動き始めていた。当時、海外渡航は幕府によって国禁とされていたために、琉球を経由する迂回計画を立てたのである。しかし一八五八（安政五）年、斉彬の急逝によってこの計画は中断した。

五代が上申した留学生派遣計画は、この斉彬の遺志を継ぐものであった。それと同時に、斉彬没後の薩摩藩が、自力による近代技術の開発から、武器・艦船の輸入へと方針を急展開させたことを背景に、五代は貿易の振興によって近代技術を導入するという自由貿易の思想を強く打ち出していた。五代が、このように開明的であると同時に、現実的な思考を持つに至ったのは、グラバーの影響によるところが大きかった。またグラバーも、五代の才覚ばかりでなく、当時の日本人としては先見性に富んだ開明論を展開する五代に好意を抱いて、助力を惜しまなかったのである（犬塚孝明『薩摩藩英国留学生』）。

五代とグラバーの関係について、犬塚によれば「グラヴァーは、五代のすぐれた才覚と日本人として比類のないその開明理論に驚嘆すると同時に、この一徹な若い青年武士に特別の好意をもって接したらしい。いわば、お互いにウマがあったのであろう」と記している。また杉山も、「グラバーが日本の将来について語る五代の熱意に共感をおぼえ、五代がグラバーとの議論を通じて、日本の進むべき方向についていっそう確信をもったとしても、不思議ではない」と、二人の交友を高く評価している（杉山前掲書）。

さらに付け加えるならば、五代が上申書を提出する前年の五月に、長州藩の伊藤俊輔《いとうしゅんすけ》（博文《ひろぶみ》）と井上聞多《いのうえぶんた》（馨《かおる》）らがイギリスに密航したことを聞き知ったことも、計画の実行に拍車をかけたであろう。五代は「先んずる時は人を制するの理」と考え、留学生派遣計画の実行を急いだのであった。

五代の十カ条の献策に接した薩摩藩は、家老の小松帯刀や、桂久武らが中心となって提案を受け入れ、留学生の選定と五代の藩への帰参許可などを決め、留学生の派遣に向けた準備を開始した。

イギリス留学への出発

海外への留学生派遣に必要な資金は、犬塚孝明によれば「島津斉彬の庇護のもとで成長した密貿易王の異名をとる指宿の海商、浜崎太平治《はまさきたへいじ》の資金援助によるもの」と推測されており、「幕末の薩摩藩の財政危機を救ったのも、浜崎家の献金によるところが大きく、さらに藩の富国強兵策の費用の多くを密貿易からの利益に依存していた」のである（犬塚前掲書）。薩摩藩留学生の派遣準備が進められた一八六四（文久四）年には、アメリカでは南北戦争が北軍有利に展開し、綿花産地であるアメリカ南部が戦場となって、国際的に綿花価格が高騰していた。浜崎は、薩摩藩の事業として大坂で繰綿を大量に仕入れ、グラバー商会を通して世界市場に販売し、一五万両前後もの巨利を獲得したといわれる（原口泉『世界危機をチャンスに変えた幕末維新の知恵』）。当時、綿花の国際価格は、国内価格の四倍に高騰していたといわれ、こうして得た利益が薩摩藩留学生派遣の原資となったのであろう。

五代は長崎に滞在したまま、グラバーと折衝を重ねて渡航手続きや便船の手配、受け入れ先の決定など、具体的な手続きを進めた。グラバーは、香港を本拠とするイギリス系貿易商社ジャーディン・マセソン商会と交渉し、当面の経費として二万ドルの信用状を発行すること、さらに留学生の滞在費や授業料、ヨーロッパ各地での武器や機械の購入などについて、薩摩藩一行が振り出す七～一〇万ドルの手形をロンドンのマセソン商会が買い取り、それを長崎で薩摩藩が支払う手筈を整えるなど、薩摩藩のために便宜を図った。さらに、グラバー商会のライル・ホームを一行に同行させた（杉山前掲書）。

一八六五年一月二十七日（元治二年旧暦正月）、門閥から五名、藩の洋学所である開成館および藩校である造士館の学生から一〇名、合わせて一五名の留学生が選抜された。渡航メンバーのなかで、五代が「追々家老職に就くべき人」と高く評価していたのは、引率の新納《にいろ》刑部《ぎょうぶ》、町田《まちだ》久成《ひさなり》と、留学生の畠山《はたけやま》丈之助《じょうのすけ》、島津《しまづ》織之助《おりのすけ》、高橋《たかはし》要《かなめ》、合わせて五名である。藩をあげて精鋭を派遣しようとしていたことがわかる。しかし、攘夷派の門閥であった島津、高橋の二名が辞退したため、これを補充して一五名の留学生を、全権大使の新納、町田、寺島、五代、通詞の堀孝之の五名が引率することになった。一行は、幕府の目を逃れるためにそれぞれ変名のうえ、甑島《こしきじま》などへの渡海命令を受けて鹿児島を出立した。ところが、新納と町田に率いられた留学生一五名が串木野《くしきの》郷羽島《はしま》の浦で船を待つうちに、留学生の一人である町田《まちだ》猛彦《たけひこ》が死亡したため、最終的に渡欧したのは一四名の留学生と五名の引

薩摩藩留学生

実　　名	変　名	資　　格	年齢
新納刑部	石垣鋭之助	大目付御軍師・日勤視察	24
町田久成（民部）	上野良太郎	開成所掛・大目付学頭	28
寺島宗則（松木弘安）	出水泉蔵	船奉行副役・教育掛	34
五代才助（友厚）	関研蔵	船奉行副役・視察	31
堀孝之（壮十郎）	高木政二	英語通弁人	-
畠山丈之助（義成）	杉浦弘蔵	当番頭留学生	23
名越平馬(時成)(主税)	三笠政之介	同	21
鮫島誠造（尚信）	野田仲平	開成所訓導師・英語留学生	21
田中静洲（盛洲）	朝倉省吾	開成所句読師・医師留学生	23
中村博愛（宗見）	吉野清左衛門	医師留学生	25
森金之丞（有礼）	沢井鉄馬	造士館句読師・助留学生	19
吉田巳二（清成）	永井五百介	同	21
高見弥一	松元誠一	同（土佐人）	31
東郷愛之進	岩屋虎之助	同（土佐人）	23
町田申四郎（実植）	塩田権之丞	開成所書生・留学生	19
町田清蔵（清次郎）	清水兼次郎	同	15
磯永彦輔	長沢鼎	同・奥小姓	14
市来勘十郎（和彦）	松村淳蔵	留学生	24
村橋直衛	橋直輔	御小姓番頭・留学生	23

出典：犬塚孝明『幕末薩摩藩英国留学生』。

率者となった（右頁表参照、犬塚前掲書）。

五代と寺島は、グラバー商会の手代ライル・ホームと通訳堀孝之を伴って、長崎からグラバー商会所有の小型蒸気船「オースタライエン」に乗り組み、羽島の浦に回航して新納刑部以下一六名を乗船させ、三月二十二日に出帆した。船内で断髪し、香港に着くと洋服を調達して、イギリスP&O社の大型客船に乗り換えた。当時はスエズ運河が開通する前であったため、一行はスエズで上陸して蒸気機関車でアレクサンドリアまで行き、さらに地中海航路に乗り継いだのである。こうして五月二十八日にサザンプトンに到着、汽車に乗りかえて、その日のうちにロンドンに入った。ロンドンで出迎えたのは、トーマス・グラバーの兄ジェームス・グラバーであり、留学生たちのロンドン生活や勉学に親身の支援をしてくれた。

ロンドンにおける五代
（中央，左は通訳の堀孝之，右は世話役のホーム）

二カ月余りの航海のあいだに、五代や留学生たちは各寄港地で見聞を広め、知識を深めた。香港ではガス灯に目を見張り、造船所の近代的設備に驚嘆し、ボンベイの高層建築や建設中のスエズ運河の大規模掘削工事、蒸気機関車や電信機、マルタ島で初めて体験した本格的な西欧文化など、五代も含めて、当時の日本が習得しつつあった技術ではとうてい及ばない、西欧の高度な技術や文化を実体験することができたのである。五代は、「是迄欧羅巴の事情粗ぼ観察仕居候得共、斯迄はあるまじく相考居候位にて、遠航以来段々愚存も相変じ」たと述べ、留学生の派遣より先にまずすべきであったのは、藩の要路の人びとが「地球上の広を知り、夫れに応ずる国政を言上して下を開く」ことであったと反省している（「慶応元年藩費洋行雑件」『五代友厚伝記資料』第四巻）。留学生の派遣を上申したのは、自らの浅慮で順序を誤ったと考えるようになったのである。

しかし同時に、この航路の途次では、アジアの労働者や庶民の様子も的確に観察しており、五代は、日本がそうしたアジア諸国のような惨状に陥らないことを真剣に考えるようになった。富国強兵を単に薩摩藩の近代化と考えるのではなく、日本のために早急に実現しなくてはならない命題と、改めて認識したのである。五代は、すでに幕府の存在を否定する立場に立っていたが、そのうえで「日本の近代化」を実現するために行動する意志を明確に固めたのであった。五代は、パリで幕府派遣使節の随員岡田摂蔵《おかだせつぞう》に会った際に、このように「遠海を隔て是迄も罷越したるは、畢竟日本国の為にて、（中略）只々日本の欧羅巴に劣らざる様にとの寸志にして、敢て幕府へ異心を挟みてのことには毛頭無之候」と語ったという（岡田摂蔵『航西小記』）。五代に率いられた留学生のほとんどが、強い「藩意識」と萌芽し始めた「国家意識」の葛藤に悩まされたというが、彼らと比べて、五代の開明的な思考は際立っていた。

第二章　日本の近代化に向けて

1　ヨーロッパの視察

近代技術の視察

ヨーロッパ滞在中における五代の任務は、留学生の受入先をはじめ勉学環境を整えることも重要な一つであったが、もう一つの任務はイギリスやヨーロッパの政治経済状況の視察と、藩の近代化のために必要物資を買い付けることにあった。五代が留学生派遣の提言をした真意も、ここにあったのである。このため、イギリス政府との外交交渉は寺島に任せ、五代は新納とともにホームと堀を伴ってマンチェスター、バーミンガムなど、イギリス各地を視察した。

犬塚『薩摩藩英国留学生』によると、五代、新納、堀の三名は一八六五年六月十九日（慶応元年五月二十六日）にロンドンを出発し、「英国内の主要工業都市を中心に、約二週間位の予定で」視察した。なかでも、ベッドフォードでのブリタニア鉄工所（The Britannia Ironworks）の視察の様子は、八月二日のタイムス紙で好意的に報道されたという。五代は、プラット社で木綿紡績機械を、ショルト社で小銃や短銃、さらに双眼鏡や開成所のための洋書などを購入した。また船舶では、イギリスがアメリカの南軍を応援するために建造したものの、南軍の敗戦によって販売不能となっていたワイウェルン号に着目し、同船の購入契約を交わした。

九月十三日には、案内人ジョセフを同道してベルギーのオーステンに向かい、同港でシャルル・モンブランの出迎えを受けた。モンブランとは、ベルギー貴族コント・デカントン・ド・モンブラン(Count Charles Ferdinand Camille Ghislain Descantons de Montblanc, Baron d'Ingelmunster)であり、ロンドンで白川健次郎に紹介されていた。白川はモンブランが一八六一(文久元)年に来日した際、横浜で雇われて渡仏したといわれる人物で、当時ロンドンにいて五代にモンブランを紹介したようである(犬塚孝明『明治の若き群像 森有礼旧蔵アルバム』)。モンブランも白川も、かなりいかがわしい人物との評価があるが、当時、一獲千金を狙ってアジア貿易に情熱を燃やしていた冒険商人の、一つの典型だということができる。

五代一行はモンブランに招かれ、ベルギーのインゲルムンステルにある彼の居城を訪ねた。その後、ブリュッセル、ベルリン、アムステルダムなどの諸都市を歴訪し、ベルギー経由でパリを訪れて、十二月二十日にロンドンに帰着した。この間、蒸気機関車の製造工場やリエージュの造幣寮、炭団の製造所、世界最大の製鉄所、製紙工場、大砲・小銃の製造工場、製糖工場、ビール工場、硝子工場、羅紗織物工場など、ヨーロッパの近代工業の粋を視察している。

五代は、十一月七日と八日の二日にわたってブリュッセルの「貨幣機関所」を訪ねた。そこで「我朝の判金及弐分金・壱分銀を分理して、金銀の秤量を分るを覧め」たと「廻国日記」（『五代友厚伝記資料』第四巻所収）に記しているが、この記述は、ヨーロッパ視察が、のちに五代の事業展開に大きな示唆を与えたことを示す、貴重な証拠である。また、十一月三日に訪ねたアントワープの製糖工場については、「此の館中の（蒸気）機関は、我南島へ取建し機械と、大概おなじくして、尤も簡弁也」と指摘している。五代は、滞欧中に砂糖精製機械四基を買い付けて鹿児島に送っており、十月には奄美大島で精製機械が稼働しはじめていた。薩摩藩は、大坂市場への出荷を従来の黒糖から付加価値の高い白糖へと転換して、より大きな利益をあげようと目論んでいたのである。このように、薩摩藩における近代技術の導入が、当時の日本としては高い水準にあったことが、五代の近代技術への評価眼を養っており、それによって視察の成果も高められていたことがわかる。もっともヨーロッパの視察で、五代が「我朝に要用の機関」と評価したのは打米機関（精米機）と蠟燭製造機関だけであり、重要な機械・武器類は、すでにイギリスで調達済みだった。

さらに経済社会制度についても、行き届いた観察をしていた。パリ滞在中に桂久武にあてた書簡では、フランスとイギリスの国政を比較しながら「一般欧羅巴の形勢、国政の大意と云ふものは、富国強兵の順序を相守、詳に出入を計りて事業に及ぼす。国政公平にして貴賤を不論、高論あれば即ち是を用ひ（中略）貧人は貧院を立て養ひ、病院は病人を療治せしむ」と述べており（『五代友厚伝記資料』第四巻）、社会的公平を保つ制度として、民主主義や救貧制度などに注目したのである。

商社設立の条約締結

五代は、モンブランの手配によってヨーロッパ各地を視察したのち、一八六五年十月十五日（慶応元年八月二十六日）に、ブリュッセルにおいてモンブランと商社設立の条約を締結した。薩摩藩領主島津家の全権大使石垣鋭之助《いしがきえいのすけ》（新納刑部）、蒸気船指揮役関研蔵《せきけんぞう》（五代友厚）、書役兼通訳の高木政次《たかぎせいじ》（堀孝之）と白川健次郎、モンブラン、証人としてベルギー政府からエドワルト・デンレル、アルゾル・レニースの二名が立ち会って締結されたのである。薩摩藩の所領内に金・銅・鉄・錫などの鉱山を開くこと、各種機械や鉄工・武器の工場を建設すること、また綿糸・茶・蠟・たばこ等を製造する機械を設置すること、さらにヨーロッパの産物を輸入する商社を開設することなどが、条約の目的とされた。そして、モンブランが万事の世話をすること、利益は出資に応じて配分すること、各種商社を経営して益金が元金の二倍を超えたときは、機械は薩摩に所属することなどが規定されている。

また「琉球国領主の官吏は、コント・デ・モンブランに若干の蚕卵を送るべし」として、蚕種の試験販売をはじめることを注記している。一八四〇年代にスペインで発生した蚕のウイルス病は、六〇年代にかけてフランス、イタリアで蔓延し、ヨーロッパ絹業に壊滅的打撃を与えた。日本からヨーロッパへの蚕種紙輸出は日本の開港後急増し、それによってヨーロッパ絹業は復活したが、薩摩藩の蚕種紙輸出も、このビジネスチャンスを捉えようとしたものであった。

その後、五代がパリにおいてモンブランと会談した際に、この条約に修正が加えられた。それは、商社を設立した場合の外国人の滞在に関して、藩政府から幕府に届け出て認可を得ること、旧条約における利益配分方法や機械の所有権の薩摩藩への移転に関する条項を廃止して、薩摩藩領主とモンブランとの間で商社設立の契約を結ぶ、というものであった。モンブランは、五代に接触する前に幕府使節に接触して、商社設立の契約を結んで日本で権益を得ようとしたが思うように進展せず、ロンドンで五代に面会して商社設立の合意に至ったのである。パリにおける条約修正は、モンブランの立場を強固なものにするため、薩摩藩主との直接の契約を締結しようとして、そのための条文を盛り込んだものであった。

2　十八箇条の建言

薩摩藩への建言箇条

五代は、ロンドンから十八箇条からなる建言を薩摩藩に送付した。その内容は次のとおりである。①ベルギー国との和親条約締結、②同国と商社を建営すること、③鹿児島において商社を開設すること、④商社は会社組織で事業にあたること、⑤諸大名とも会社組織の商社を開設すること、⑥日本として貿易を開く機運を盛り上げる、⑦ヨーロッパ情勢、⑧ドイツ連邦に倣って諸大名が連邦を結成すべきこと、⑨日本国の全力をあげて事業を起こすこと、⑩パリ万国博に出品する必要性、⑪木綿紡績業を商社組織で興すこと、⑫蚕卵をフランスに送るために越前に会社を作ること、⑬ヨーロッパから地質学の達人を雇って薩摩の国中普く探索すべきこと、⑭罪人の死罪を免じ、職業に就かせること、⑮養院を開設すること、⑯家老はそれぞれが一任務に専従となること、⑰諸役人を減らして海陸軍を設置すること、⑱インド人や中国人を雇って耕作をさせること。

③から⑤では、「商社合力」で各種の事業を興すべきであるとして、出資を募って会社を設立し、事業に取り組むことを強く唱道している。この「合資による会社制度」には、五代だけでなく、福沢《ふくざわ》諭吉《ゆきち》や渋沢栄一、小栗上野介《おぐりこうずけのすけ》など、幕末に欧米に渡航した日本人の多くが着目しており、国内では福沢の『西洋事情』で紹介されて有名になった。しかし、五代が建言を書き送ったのは、福沢の著書刊行に先立つこと二年で、独自の着想と判断で株式会社制度に着眼したものであった。さらに、ドイツ連邦議会にならって諸藩連邦を説くなど、日本国の近代化に照準を合わせた視点も、この建言に明確に現れている。またパリ万国博への出品、ヨーロッパ養蚕業向けの産卵紙の輸出、貧民や病人のための養院の設立、陸海軍の設置など、多くの具体的提言をしたことは、ヨーロッパ旅行によって得られた見聞が、単に近代工業の技術だけではなく、社会制度全般にわたっていたことを示している。

パリ万博への出品

滞欧中の五代のもう一つの成果は、モンブランの働きかけに応じて、一八六七（慶応三）年四月に開催予定のパリ万国博に出品を決めたことである。フランス当局は当初、折からパリに滞在していた幕府派遣使節に参加するよう勧誘したが、特命使節であった外国奉行柴田日向守《しばたひゅうがのかみ》は決断をしなかった。そこで、モンブランは一八六五年十一月十八日にパリ滞在中の新納と五代に参加を要請し、その後ほとんど毎日のように、五代はモンブランと「諸事を談じ、万国博会場も見学し、十二月十七日には「展観所取扱役」二名および「日本展観所出品支配頭」

と食事をした。

この間に、それまで消極的であった柴田日向守が、態度を一転させて出品に応じる意向を示し、しかも「大君（幕府）使節」が承諾したからには薩摩政府は出品に及ばずと主張して、薩摩藩の万国博出展を妨害しようとした。このため、フランス政府の万博担当者との意見調整をモンブランが仲介することになった。これに対して五代は、フランス政府から提案された幕府との共同出品を断固として断り、薩摩政府としての単独出品を主張したのである。

このため五代は、帰国後に御納戸奉行格で御用人外国掛を命じられ、長崎在勤のまま万国博出品のために奔走した。薩摩藩としても、万国博への出品は貿易を開くために有効であることを認め、家老の岩下方平を使節に、市来六左衛門《いちきろくざえもん》、野村宗七ら一行六名を、一八六六年十一月からパリに派遣した。

一方で幕府は、翌年正月、徳川昭武《あきたけ》を代表に使節を派遣したが、岩下方平から全権を委任されたモンブランは、フランスのフィガロ紙など有力新聞や雑誌に働きかけて、日本大君政府と薩摩政府はともに京都の帝から封を受けている対等な立場にあるとの論説を発表させた。またフランス皇帝はじめ政府高官に「薩摩・琉球国」の勲章を送るなど、ベルギー貴族としての地位を利用して積極的な働きかけを行った。

こうしたモンブランの攻撃的な態度もあって、現地での幕府との交渉は紛糾したが、結局「日本大君政府」「薩摩太守政府」「肥前太守政府」の三者が、それぞれ看板を掲げて出品することになった。要するに、薩摩藩の積極的な行動に幕府が追随せざるを得なくなり、幕府の呼びかけを受けて、佐賀藩が有田焼の販路拡張のチャンスと捉えて参加したのである。

この経緯について、幕府使節を代表して交渉に当った田辺太一《たなべたいち》は、薩摩太守政府（Gouverment de Taischiou de Satsuma）の意味を軽く考えていたが、この言葉が「大君、太守と申すも同義などとの説、新聞紙に記載、伝播致させ候」ことになったと、その回想録のなかで述べている（『幕末外交談』）。のちに田辺は責任を取らされて本国に召還されたという（宮永孝『幕末オランダ留学生の研究』）。このことは、欧州諸国に日本をドイツのような連邦制を採る国と認識させることになり、幕府の威信が失墜したといわれている（犬塚『薩摩藩英国留学生』）。

なおこの万博で、薩摩藩は国産品の一つとして温州ミカンを出品した。これをきっかけとして、温州ミカンはイギリスやヨーロッパ諸国に知られるようになり、今日に至るまで satsuma と呼ばれている。

さらに、幕府がフランスと締結した六〇〇万ドルの借款契約が、この万博出品を機に破棄に追い込まれたことも、モンブランの功績であった（原口前掲書）。この借款の破談は、徳川政権の軍事力強化にとって打撃となったのである。一八六七年に使節団を率いて渡仏し、パリ万博を訪問した徳川昭武は、明治新政府からの帰国命令を受けて帰国する途中、薩摩沖を通過するときに薩摩を呪ったという。

岩下使節の主目的は、モンブランとの間で商社設立計画を協議することであったが、この件は順調には進まなかった。商社計画のなかに京阪間の鉄道敷設など、当時の薩摩藩では実現不可能な案件が含まれており、さらに薩摩側が約束の産物見本を携行しなかったため疑惑を生じて資本が集まらなかったこと、機械等も高価であって注文引受や融資は成約に至らなかったことなど、交渉が破談となった理由がいろいろと推測されている（『鹿児島県史』第三巻）。

そうした個別の理由はさておき、この頃の薩摩藩は、財政逼迫への対応が必要であったばかりでなく、幕府とフランスが急接近したことに対抗して、イギリスとの親善に傾いていた。このため、具体性に欠けるモンブランとの商社契約には、躊躇があった。薩摩藩から留学生をイギリスに送るとき、全面的にサポートしたのはグラバーであった。薩摩藩は一八六五年に琉球貿易についてグラバーと話し合い、薩摩藩が奄美大島で生糸や米などを購入し、グラバー商会を通じて上海などで販売する計画を進めていたという。グラバーはこれを「オオシマ・スキーム」と名付けて、ジャーディン・マセソン商会やオランダのボードウィンなどに出資を呼び掛けていた（杉山『明治維新とイギリス商人』）。

また他方で、一八六六年六月にはイギリス公使パークス（Sir Harry Smith Parkes）が鹿児島を表敬訪問し、帰朝したばかりの新納刑部と堀孝之が接待役を務め、寺島も西郷とパークスの会談に陪席するなど、イギリス帰りが活躍して薩摩とイギリスの親善が図られていたのである（井上清『西郷隆盛』上）。

モンブランは、岩下に対して大砲、小銃、軍服の売り込みを図って拒絶されたため、帰国する岩下に同道して来日した。五代は、一八六七年八月に使節一行とモンブランを迎えに上海まで出向いたが、その結果は、藩当局とモンブランとの板挟みにされることになった。桂久武あてに「又一つの難体堪兼申候」と心中を吐露している。もっともこの一件については、滞欧中に薩摩藩の了解なしにモンブランとの商社設立契約を締結した五代の責任が大きかった。このため五代は「此節白山一条も殆相片付可申候に付、是非辞職被仰付度」と、御用人席外国掛の辞職を申し出ている。このときから、五代は在野の商人として活躍したいとの願望を強く持ったにちがいない。

しかし、討幕の詔から大政奉還、王政復古と時局が風雲を告げるなか、年末には京に赴く新納を五代は薩摩藩の汽船「開聞」で兵庫まで送り、モンブランも同行させた。新政府が成立すると、五代は仕官して外国事務掛となるが、外交事件が頻発したためモンブランを外交顧問として、たびたび意見を徴している。ようやく、モンブラン活躍の場ができたのである。ところが一八六八（明治元）年十一月、モンブランが明治政府に兵庫・大阪間の電信設置を願い出たところ、大阪府判事であった五代が、翌年二月にこれを却下した。電信線や鉄道は、本来国家がなすべき事業であるというのが、却下の理由であった。モンブランばかりでなく、アメリカ資本による鉄道敷設願も却下したのである。

なお犬塚によると、留学生たちはモンブランを信用せず、山師的危険人物とみていたという。その背後には、ジェームス・グラバーをはじめオリファント商会のデービッド・オリファント、あるいは一部の留学生をアメリカに伴って教育した宗教家T・L・ハリスなどの影響があるという。結局、モンブランは日本との関係を活かして「冒険貴族」として活躍したいという野望をかなえることなく、帰国の途についた。

モンブランは、来日に際して薩摩藩の依頼によって鉱山技師コワニー（Francois Coignet）を同道してきた。そのときコワニーは、鹿児島の鉱山を巡見した。明治維新後に、大阪府権判事となった五代が彼を会計官鉱山局に推挙し、コワニーは鉱山師兼鉱山学教師として御雇外国人第一号となった（フランシス・コワニェ著、石川準吉訳『日本鉱物資源に関する覚書』）。なお、コワニーの通訳として鉱山調査に同道していた朝倉盛明《あさくらもりあき》は、のちに生野銀山支庁長として日本の鉱山業に洋式技術を導入するうえで先駆的役割を果たした（犬塚前掲書）。日本の鉱山近代化も、日本にコワニーを紹介したモンブランの間接的な貢献だといってよい。

日本最初の紡績工場

イギリスへの留学生派遣は、島津斉彬の遺志を継いだ薩摩藩の事業であったし、イギリスでの紡績機械の購入も、薩摩藩の命によるものであった。しかしそれらは、そもそも五代が提言したことであり、五代の大きな功績と評価できる。すでにみたように、島津斉彬が集成館を開設して、さまざまな新事業を展開していたころから、五代は斉彬の開明思想に深く傾倒しつつ人格を形成したといってよい。また斉彬の時代に、技術的基盤もないまま挑戦した軍艦製造の試みも、薩摩藩を買船主義に転換させるきっかけとなり、五代に活躍の場を提供することになった。しかしこうした欧化政策の直接的な影響としては、斉彬の浪費によって藩財政が悪化し、その没後、集成館の洋式工業の実験も縮小される結果を招いた。

紡績業については、斉彬の遺志が藩主忠義によって継承され、洋式紡績工場の建設計画が進められた。一八六四（元治元）年、忠義は新納刑部に命じて長崎で紡績技術導入の契約を結び、翌年には五代の建策を入れて留学生を派遣し、同時に、五代と新納にイギリス紡績業の視察と機械の注文、紡績技師の招聘を指示したのである。五代は、マンチェスターのレード・ブラザース商会を通じてプラッ

鹿児島紡績所

ト社と交渉を開始し、一八六五（慶応元）年七月にプラット社を訪問した。翌年二月には、一八番手を標準としてスロッスル機一八四八錘《すい》、ミュール機一八〇〇錘、力織機一〇〇台などの購入を決定し、工場の設計もプラット社に委託する契約を結んだ。こうして鹿児島紡績所が完成したのは、一八六七年五月である。日本最初の洋式紡績工場であった。「鹿児島紡績所沿革」（鹿児島紡績所跡碑文）によると、イギリス人技師・監督六名、日本人職工二〇〇名、一〇時間操業で平均紡績量は四八貫（一八〇キログラム）余り、紡糸はすべて製織したうえで白木綿を大坂に移出し、縞木綿は城下で販売した。

　紡績所開設の資金調達に際しては、五代が「金策播州阿形松尾七兵衛方へ談判」し、宇和島の勝手方御用人の田手《たで》次郎《じろう》太夫《だゆう》にも請願して資金調達に奔走した。この結果、紡績機械が到着するまでのつなぎ資金はなんとか調達できたようで、一八六六年十月には桂久武に「大概は成就可仕かと奉存候」と報告している。一方で、イギリス人技師らは三カ年契約で来日し、薩摩藩は彼らの住居として磯の浜洋客館（現 異人館）を建設するなど、手厚く遇したのであるが、来日直後から討幕の詔勅による政情不安もあって、技師たちは在留一年で帰国した。

　さらに維新後は、鹿児島の紡績機械を堺県に差し出すこととなり、一八七〇（明治三）年十二月、ミュール紡績機二千錘を移設して堺紡績所が操業を開始した。鹿児島紡績所の建設を命じられた石河《いしかわ》正龍《せいりゅう》が、堺紡績所の建設管理にあたったが、その実質的な経営者は鹿児島の豪商浜崎太平次《はまさきたへいじ》の支配人川崎正蔵《かわさきしょうぞう》であった（絹川太一『本邦綿糸紡績史』）。五代は、一八七〇年四月に堺紡績掛を藩から命じられて、その経営に采配を振るった。鹿児島紡績所の経営についても五代の貢献が大きかったから、五代は、日本の始祖三紡績のうちの二紡績所の経営に、深く関わったのであった。

3　幕末における志士活動

薩長豪商連合の計画

一八六三（文久三）年は、尊王攘夷から倒幕へと西南雄藩の政治的立場が大きく転換する節目の年であった。長州藩では井上聞多（馨）、伊藤俊輔（博文）らがイギリス留学に出発し、また薩摩藩では、七月に薩英戦争が起こって五代、松木が英艦の捕虜となった。翌年には、幕府による長州征伐が行われ、長州藩では四国連合艦隊を砲撃するなど攘夷運動が燃え盛った。そのなかで薩長の連携が模索され、薩長両国は急速にイギリスに接近していった。

この時期に五代は、薩英戦争で捕虜となって長崎に潜伏した後、藩の帰国許可を得てすぐにヨーロッパ視察に旅立っており、幕末の薩長志士の活躍に参加したのは、一八六六（慶応二）年二月に帰国した後のことである。五代は、御納戸奉行格で御用人席外国掛に任じられ、四月から長崎在勤となって、勤皇諸藩に対する武器供給などに奔走した。五代が帰国する直前に薩長盟約が成立しており、下関を討幕勢力の糧食補給基地にしようという計画が進んでいた。この計画に従って、五代は高杉晋作との間で、下関を拠点に西日本の物流を掌握する具体的計画を策定しようとしたものらしい。五代と高杉は、下関の豪商白石正一郎《しらいししょういちろう》と薩摩の豪商加藤平八《かとうへいはち》とが連携したうえで「馬関《ばかん》で北国・九州の船を止め、諸荷物大坂運送の儀、薩摩と仲間にて」行うようにすれば、資金繰りもできるとの密談をしたという（宮本又次『五代友厚伝』による。ただし、宮本が典拠としている「白石正一郎日記」には、該当する記述が見当たらない）。しかし、五代の下関来訪が実現せず、薩長豪商連合計画は成立しなかった（小林茂『長州藩明治維新史研究』）。

同様の計画について、さらに十月に馬関で五代と木戸準一郎（桂小五郎）、広沢平助（真臣）、久保松太郎らが会談を持った。その結果を踏まえて、翌十一月に五代は、木戸に次のような「商社示談箇条書」を手渡した。すなわち、商社の結成は商人名で行い、国名は公にしないこと、お互いに契約書に押印すること、事業の出納は公正にして損益を折半すること、輸送船を三、四隻備えて薩摩船籍とし、国旗を掲げて輸送にあたらせること、馬関に関所を設けて船を引きとめ、すべての荷を改めることは「商社の最も緊要たる眼目」であること、馬関を通過する船は二十五日前に商社に連絡すること、の六箇条であった。

この計画は、五代龍作『五代友厚伝』のいうような商社設立による物流掌握計画ではなく、薩長が豪商の名前を借りて実力で馬関を通過する船を止め、商品を買い取ろうとするものであった。しかし長州側から、この計画の実行には巨額の資金が必要であるとして、疑義が出された。結局、計画の実行責任者を決めるにとどまり、実行されずに終わったのである（神長倉真民『明治産業発生史』）。薩摩側でも、長州から紙・塩・蠟を貰う代わりに、薩摩から砂糖を送ろうという交易計画が持ち上がっていた。しかし、下級武士の間では京の寺田屋事件や禁門の変以来、長州に対する反感が緩和していなかったため、木戸の鹿児島訪問にもかかわらず、商社盟約に向かって現実的な動きは起こらなかったようである（「市来四郎翁之伝」『史談会速記録』）。

五代はこのころ、前述のモンブランの処遇に悩まされていた。長州との商社計画が思うように進まなかったことも一因となって、前述したような御用人外国掛の辞意につながったのであろう。もっとも、商社計画が実現しなかったとはいえ、薩長の交易は、事実上は活発に行われるようになっていた。坂本龍馬は海援隊の活動を展開しており、五代もまた長崎を拠点とし、船長として「開聞」を指揮して、多彩な商業活動を展開していた。五代はその逐一を、桂久武に報告しているが（『五代友厚伝記資料』第四巻）、それによると、ヨーロッパ製銃器の他藩への売り込み、汽船の売買、九州米の買い付けと兵庫方面への売り込み、外米の輸入、朝鮮との直貿易、石炭の上海への輸出計画などがあげられており、薩摩藩の多様な商業活動のほか、諸藩の貿易の仲介も活発に展開していた。坂本とともに、薩長交易の実を担っていたのである。

五代とグラバー

五代の活動を支えていたのは、グラバーとの関係であった。グラバー商会は武器・艦船輸入で大きな利益をあげており、長崎に輸入される小銃の四〇パーセント、大砲の八〇～九〇パーセントと、独占的なシェアを持っていたといわれている。武器・艦船の販売先は西南雄藩や幕府であり、たとえば長州の伊藤博文・井上馨がグラバーから購入した小銃は、ミニヘール銃四三〇〇丁、ゲーベル銃三千丁に及んだといい（原口『世界危機をチャンスに変えた幕末維新の知恵』）、第二次長州征伐に際して幕府軍に対して威力を発揮したのである。トーマス・グラバーは、こうした幕末志士と深い関係を築いており、長州藩の桂小五郎、高杉晋作、井上聞多、伊藤俊輔、土佐藩の坂本龍馬など、五代以外にもグラバーにかくまわれた志士たちは多かった。あるいは、グラバーの手引きで立替金の融通を受けて渡欧した志士たちも数多くいた。五代は、グラバーを介して西南雄藩の志士たちとの交流を深めていったのである。

一方でグラバーは、佐賀藩の鍋島直正《なべしまなおまさ》の代理人である松林源蔵《まつばやしげんぞう》と高島炭坑の共同開発を手がけ、蒸気ポンプを利用した近代的採掘方法を導入するなど、西南雄藩との共同事業を立ち上げることで、事業家としての活動を展開しつつあった。薩摩藩との共同事業として手掛けた小菅ドックも、その一つである。グラバーは、薩摩藩家老の小松帯刀らが企画した小菅ドックの建設に参画して、機械・資材の輸入を担当したのである（宮本又次「五代友厚とグラバーと小菅ドックと開聞丸」）。

こうした幕末のグラバーの活動について、杉山伸也は、グラバーは武器商人から産業資本＝事業家へと転身したと評価している（杉山『明治維新とイギリス商人』）。五代は、薩摩藩家老小松帯刀の懐刀として、藩命によってグラバーに密着しながら、こうしたグラバーの転身を目の当たりにし、そこから事業家としてのノウハウを学んだのである。

さらに、このような五代の活躍を実質的に支えていたのは、グラバーとともに長崎の豪商永見伝三郎であった。永見は、薩摩藩の御用商人であったが、御納戸奉行格御用人席外国係となった五代の藩際貿易の側面援助を行った。大坂に、弟の米吉郎を派遣して永見商店を開設したのも、薩摩藩の商業活動を援助するためであったという（宮本又次『五代友厚伝』。原典は永見克也「永見家と五代友厚との関連」『船場紀要』第七号）。

小菅ドック
（明治５年当時。1,000トンまでの船を上架した）

小菅ドックの建設

小菅ドックについてみると、薩摩藩の小菅修船場建設計画が始まったのは、一八六五（慶応元）年であった。長崎大浦海岸にある居留地の隣接地を建設予定地として、薩摩藩の御用商人山田屋《やまだや》宗次郎《そうじろう》と若松屋《わかまつや》善助《ぜんすけ》の名義で、幕府に申請して許可を得た。修船場建設計画を立てた当時、薩摩藩は軍艦、蒸気船など二隻を保有しており、その修理のため船を上海まで回航する必要があった。このため小松が中心となって、グラバーからの出資も得て、小菅にスリップ・ドック（船を載せる船架をレール上で移動させ、船を陸に引き揚げる修船用ドック）を建設することになったものと思われる。工事監督にあたった岩瀬徳兵衛（公圃）は、工事の進捗状況をしばしば五代に報告しており、その書簡からもグラバーが積極的に関与していることがわかる。一八六八年十月の書簡では、岩瀬は「小菅修船場出金高左の通」として、「一金八千両程　但、薩州蔵屋敷より支払い相成候間、委細相分不申候。一金壱万八千両　右は当辰二月よりコロウル商会より請取候分。一金壱万両　右は、此後船挽入候迄入費凡積り」と記している（『五代友厚伝記資料』第一巻）。薩摩藩が、土地代八千両を負担し、またグラバーがイギリスから調達した工事用の機材が一万八千両、さらに今後の必要経費が一万両と見積もられているのである。

小菅修船場は、一八六八（明治元）年十二月六日に完成して操業を開始した。それに先だつ十一月五日には、長崎府判事の野村宗七が井上馨、大隈重信に相談して、政府がドックを買い上げたい意向である旨を、五代・小松に告げている。この件については、そもそも五代・小松が政府による買い上げを希望し、その意向を野村が井上と大隈に伝え、「遠からず大隈上坂仕候間、五代へ委しく相談し」との返事を受け取った。当時、上海のイギリス資本の造船会社ボイド社が、小菅ドックの買収工作に動いていた。政府としては、財政上苦しいときではあったが、長崎製鉄所にとって修船用ドックが必要であったため、政府自らが買収する決心をし、大隈と五代の会談で詳細を詰めたのであろう。

翌年三月には、堀壮十郎が五代にあてて、代価一二万ドルに決定したことを報告しているが、そのうち工事の未済分は五〇〇～六〇〇両ほどと見積もられている。未済分はグラバーが負担して工事を完成させること、薩摩藩が最初に出資した土地代約八千両はグラバーから返金させる旨が記されていた。資金繰りの苦しかったグラバーが、修船場の買い取りを明治政府に要請したため、一万ドルほど値切られたという（杉山前掲書）。

小菅修船場の売却益は、グラバーとグラバー・ブラザース、小松で分配された。政府への売却代五万三五五九ドル、このうち薩摩藩に元地代として八六八〇ドルを支払い、差し引き四万四八七九ドルを、グラバー・ブラザース五〇パーセント、グラバー二五パーセント、小松帯刀二五パーセントの比率で分配している（「小菅修船架建設費明細表」中西洋『日本近代化の基礎過程』上 所収）。グラバーにとっては、大きな利益となったのである。しかも修船場の経営は、実質的にグラバーが掌握していた。

なお、小菅ドックは、その捲上台《まきあげだい》の形状から通常「そろばんドック」と愛称された。操業開始時に、グラバーの船をドック台にまき上げる様子を見物に行った野村宗七は、「西洋人老若男女、見物夥しく、旗章数百檣上に立ならべ、我が国旗も三ツほど立テヽ甚汁観也」と、五代に報告している（『五代友厚伝記資料』第一巻）。

第三章　明治政府に出仕

1　在官時代の活躍

多面にわたる活躍

一八六七（慶応三）年四月、五代は勤王の大義を唱える小松帯刀、西郷吉之助（隆盛）、大久保一蔵（利通）らとともに京阪に向かった。しかし「開聞」船長として、米穀運送や武器弾薬の売り込みに奔走中であった五代は、彼らと別れて単独で長崎に戻ったと思われる。五月には、長崎で「いろは丸」沈没の一件について、紀州藩と土佐藩の間の調停役を引き受けた。「いろは丸」は伊予大洲藩の所有船であったが、海援隊が借り受けて坂本龍馬が乗船し、長崎から武器・弾薬を土佐藩へと輸送していた。その途中、讃岐の箱岬沖で紀州藩の「明光丸」と衝突し、沈没したのである。龍馬は万国航海法をタテに、イギリス海軍提督を証人として紀州藩に賠償責任を追及した。その一方で、海援隊士は紀州藩の不誠意をなじって、交渉にあたっていた紀州藩勘定奉行茂田一次郎《しげたいちじろう》を斬ると騒ぎ立てたため、紀州藩から五代に調停を依頼してきた。六月になって、茂田とは賠償金八万三五〇〇両で示談が成立したが、紀州藩の国元はこの決定に不服で、九月になって交渉が蒸し返された。結局、海援隊は賠償金を七万両に減額して妥結し、四万両はただちに受け取って、大洲藩に「いろは丸」の代償金と海援隊借入金とを合わせて四万二五〇〇両を返還した。五代は、斡旋の謝礼金一千両を受け取ったようである（楫西光速『政商』）。

さらに十月、五代はモンブランとともに鹿児島に呼び戻され、岩下方平から時局について意見を徴された。五代は岩下に対して、幕府とフランスの関係、幕府と諸藩をめぐる情勢、パリ万博への出展経緯などを論じている。そのなかで、今日の急務は天下の列侯が公論条理に基づいて同盟連合することだとして、「京師ニ上下議事院ヲ建、各国内ニモ上下議事堂ヲ建立致シ、天下ノ大事件ハ列侯ノ公論衆議ニ決定イタシ候外、其他良策有之事ナシ」と、自らの意見を述べるとともに、現実には「日本向後ノ国事ハ、大体同盟外国ニ干渉致シ候事多シ」との認識に立って、もしも薩摩藩が幕府と兵端を開くようになった折には、諸外国が幕府に加担しないように、十分な対外広報が必要であると、岩下に忠告している（『五代友厚伝記資料』第四巻）。ちなみに、この意見書が書かれたのは、十月十四日の大政奉還の情報を得る前と思われ、武力による倒幕が想定されている。

薩摩藩は、パリ万博への出展によってヨーロッパで注目を集め、またモンブランの日本紹介の労もあって、ヨーロッパの日本に対する認識を変化させたが、これを現場で経験した五代ならではの助言であった。諸藩が、力を合わせて近代的国家の建設を急ぎ、そのことによって外国の干渉を避けなければならないという認識は、五代の広い国際的視野と革新的かつ実利的な思考からもたらされたものであり、その先見性は注目に値する。

とはいえ、このような考えは五代ひとりにとどまっていたわけではなく、薩長側にも幕府側にも広く共有されていた。五代が、鹿児島でこの意見を陳述した直後に、京では徳川慶喜が大政奉還を断行し、続いて起こった戊辰戦争においても、江戸城の無血開城によって内戦の長期化を避ける努力が実を結んだ。結果として新政府は、列強の信頼を決定的に失う前に基盤を固めることができ、列強の干渉を免れることができた。その結果として、日本は列強による植民地化の危機を回避することができたのである。

五代は、十二月二十八日に新納とモンブランを伴って「開聞」で兵庫に入港し、定宿の小豆屋《あずきや》助《すけ》右衛門《えもん》に投宿した。このとき、薩摩藩の江戸藩邸はすでに幕府と兵端を開いており、江戸にいた藩士らは「翔鳳」に乗り込んで幕府の「回天」と砲火を交えながら、一八六八年正月二日に兵庫に到着した。五代は、モンブランをイギリス代理岡士《コンスル》ラウダに託して大坂のフランス公使のもとに送ったのち、「開聞」に乗船してチャンスを待ち、幕艦によって封鎖された兵庫港から、「平運」「翔鳳」「開聞」の三隻を、いずれも無事に脱出させることができた。

この間、徳川慶喜は元日に薩摩藩征討の義を朝廷に提出し、二日から京都に向けて軍勢を進軍させた。三日には幕府方の会津・桑名藩と薩長の間で鳥羽・伏見の戦いが開始されたが、幕軍は大敗を喫した。戊辰戦争の幕が、こうして切って落とされたのである。五代は、「開聞」の船上から幕府の

「開陽」の活躍をながめ、「此船四方へ相働き候はゝ、味方海軍の御手甚だ御手薄く、切歯に耐え不申候」（汾陽《かわなみ》・市来・野村盛秀宛書簡）と、戦況を鹿児島に報告している。「開陽」はイギリス製の鋼鉄船で、その高性能を五代は羨んだのである。なお、このあと「開陽」は、大坂城を脱出した慶喜を乗せて江戸に向かった。

堺事件との遭遇

一八六八（慶応四）年一月十五日、薩摩藩は兵庫外国人居留地警備を命じられた。このため、鹿児島に戻っていた五代友厚はただちに上京を命じられ、新政府から徴士参与・外国事務係に任ぜられた。いわゆる神戸事件に対処することになったのである。神戸事件とは、一月十一日、備前藩兵が隊列の前を横切ったイギリス公使付の騎兵を刀で斬りつけ、互いに発砲して争った事件で、備前藩の処分、発砲を指揮した藩士の切腹、下手人の兵庫送致などで落着した。

徳川慶喜が江戸に出奔したのち、大坂は無政府状態に陥っていたが、薩長両藩が警護を命じられたため、秩序は回復に向かっていた。モンブランや五代の建言もあって、東久世通禧《ひがしくぜみちとみ》が勅使として派遣され、一月十五日に神戸でフランス、イギリスなど六カ国公使に直接、王政復古の旨を伝えた。さらに二月十四日には、天皇が各国公使を謁見する旨が各国公使に伝えられた。

ところが二月十五日、堺港でフランス軍艦の乗組水兵と警護にあたっていた土佐藩士との間に発砲・殺傷事件が起こった。堺事件である。このときも発砲した土佐藩士一八名、隊長二名が切腹させられることとなり、フランス側犠牲者と同じ一一名が切腹したところで、フランス側から中止が申し入れられた。切腹に立ち会ったイギリス公使館の二等書記官ミットフォードは、世にも恐ろしい経験だったと記している（アルジャノン・B・ミットフォード『英国外交官の見た幕末維新』）。

五代龍作『五代友厚伝』では、夕暮れの寺院を舞台に選んだ五代の機転が奏功したと伝えている。右のミットフォードの回想からも、当時の凄惨な状況が推測されるが、それをすべて五代の功績とすることはできまい（大岡昇平『堺港攘夷始末』）。しかし、山階宮晃親王がフランス軍艦に謝罪に訪れた際には、外国事務総裁の伊達宗城《だてむねなり》とともに五代も同道しており（『堺市史』）、五代の役割が大きかったことは確かである。この堺事件の直後、二月二十日に外国事務掛の人事が発令され、五代は、小松帯刀、寺島宗則とともに、大坂の外国事務局判事に任ぜられた。

堺事件によって延期されていた外国公使と天皇との謁見が、二月三十日に実現することになって、外国公使は上陸して京都の寺院に逗留した。このとき五代は、小松帯刀とともにフランス公使ロッシュ（Michel Jules Marie Léon Roches）の接待係となり、相国寺から公使を警護して宮中に向かい、無事に拝謁を終えたのである。ところが、知恩院を出発して参内しようとしていたイギリス公使パークス一行が、縄手通りで浪士に斬りつけられた。警護にあたっていた中井弘蔵《なかいこうぞう》と後藤象二郎は、暴徒を倒してパークスを無事知恩院に送り返した。この事件を知って、フランス公使ロッシュはただちに兵庫から軍艦で横浜に帰航しようとしたが、彼を説得して慰留に成功したのは、大坂の外国事務掛であった伊達宗城、小松帯刀、五代友厚の功績であった。パークスも、彼らの説得に応じて帰艦を踏みとどまり、三月三日に改めて参内して謁見を終えた。各国公使は四日に京都を発って、無事兵庫に帰ったのである。

こうして、兵庫・大坂における外交関係は落ち着きを取り戻し、新政府は列強の信頼をつなぐことができた。神戸の外国事務総裁であった東久世通禧は、京都の外国事務総裁三条実美《さんじょうさねとみ》・岩倉具視《いわくらともみ》にあてて「先日来宇和島、小松、五代誠に大周旋、英国従来の懇意なればこそ、箇様の大事件の戦争に不及、先相済候姿に御座候」と報告している（五代龍作『五代友厚伝』）。東久世が評価したように、パークスを説得することができたのは、薩摩藩とイギリスとの多年の友好関係のなせる業でもあった。

大阪居留地の整備と大阪港の浚渫

一八六八（慶応四）年二月末（旧暦　以下同）から、五代は外国事務局判事として、大阪に勤務することになった。その業務として、五代は大監察使三条実美の東下費用の調達に関わった。調達金の責任者は陸奥《むつ》陽之助《ようのすけ》（宗光《むねみつ》）であったが、軍資金が思うように集まらず、結局は四月にグラバー商会から二〇万両を借用して、陸奥は江戸に向かった（宮本又次『小野組の研究』第二巻）。同年閏四月、官制改革によって外国事務局の事務は大阪川口運上所に委ねられることになり、この借用金については、外国事務局大阪川口運上所がグラバーに借金証書を入れた。借金の斡旋に、川口運上所の責任者であった五代が奔走したことは明らかである。

このころから、五代は諸外国との金融交渉に深く関わっていく。アメリカから蒸気船の購入、オランダ大使館から洋銀一〇〇万枚の借り入れ、フランスに注文した野砲・小銃代金のボードウィンからの借り入れなど、外国との金融取引について諸外国大使館との交渉を担当したのである。これらの交渉の経過をみると、五代は外国商人の不正取引行為を厳しく摘発していた。このため、一八六八年七月にはイギリス領事ラウダから、川口運上所の厳重な取り締まりを非難する書状が出された。しかし五代は、これは外国商人の浮説憶断に過ぎないとして、取り締まりの緩和をしない旨通知している（五代龍作『五代友厚伝』）。当時は、五代とラウダの間ばかりでなく、イギリス副領事ロバートソン、フランス副領事レックなどとの間でも書簡のやり取りが頻繁になされており、五代は外交問題に忙殺されていたのである（『五代友厚伝記資料』第四巻）。

外交交渉のかたわら、五代は大阪港の開港、港の整備、居留地の建設とインフラの整備、治安維持にも尽力した。大阪の開港は、旧暦明治元年七月十五日（西暦一八六八年九月一日）であったが、開港に先立って、五代は「大坂開港規則」の草案を作成し、七月十日にイギリス、アメリカなど五カ国の在大阪領事と協議して、同規則の承認を得た。また、五代は開港に向けて居留地の整備も進め、七月二十九日には居留地の競売を実施した。居留地を落札して代価を払ったものには、五代の名前で地券が公布された。さらに居留地に続く富島町、安治川通南一丁目、本田町、梅本町は雑居地に指定され、外国人は日本人から家屋を借りて住むことができるようになったが、その場合の約定書の交換も運上所の業務として、五代が関与したのである（『明治大正大阪市史』第三巻経済篇中）。

大阪港は開港したものの、安治川の川口港はもともと小規模の河川港であって、外国船の利用には著しく不便であった。そこで、政府は治河使に命じて大阪港の整備を企画、治河掛の後藤象二郎がイギリス人技師プラントンに築港計画を立てさせて大浚渫を行い、海側に七三〇メートルの突堤を築いた。さらに五代も、居留地に外国人を誘致するにあたって、外国船の碇泊を容易にするため、船舶碇泊所を建設した（『大阪港史』第一巻）。

横浜居留地で発行されていた新聞『横浜新報もしほ草』（一八六九年二月十九日付）には、大阪の港湾整備に関して次のような記事が掲載されている。「大阪は、この六ヶ月以来、おほきにひらけ、外国人居留地は川岸より一丈たかく埋めたて、ここに異人館を建たり。判事五代才助、大阪を外国人停泊のためよき港となさんと、おほひに心配し、川口の出洲まことにあやふくまた狭し、よつて外国の川掘道具にて、百間四方ふかさ二丈五尺の船の碇泊場をつくらんと、このことを外国人に約束せり。このせつ毎日三千人の人足にて安治川の川すじを変へ、新規にほりを掘たてて居れり。若しこのこと成就するならば、大阪の交易にもつとも好き安心なるみなととなるべし」（『幕末明治新聞全集』第四巻）。

治安維持については、外国人が居留地付近の社寺や町中で鳥獣をみつけると発砲し、危険であるというので、五代は一八六九年二月、各国領事を通じて注意を促した。これに対して、イギリス領事ガウルは、外国人の自由を拘束し、娯楽を妨害するものであると、抗議している。五代は「流弾のためすでに災害相蒙り候ものも有之」と反論し、この問題は政府と各国公使の折衝に移されたという。また川口港周辺の風紀取り締まりのため、遊郭の設置が旧幕時代から検討されていたが、明治政府になって、新町遊郭の大垣屋などが寺島の北部、通称松ヶ鼻（現 千代崎一・二丁目）に遊郭の開設を願い出て許可された。一帯を整備し、隣村との間に堀川を開削して松島遊郭を建設したのは川口運上所であり、一八六九年十二月に完成している。

同年四月には、イギリス、フランス、オランダ、アメリカ、ポルトガルの領事が連署して、居留地石垣の改築を要求してきた。これに対して、五代は「大坂兵庫居留地約定書」の第九条で石垣修理費を日本政府が負担するとしているが、これは「永久保全すべき堅固なる石垣相築度」という各国領事の要求とは異なること、第六条の規定に基づいて入費を相談の上双方より差し出すのが当然であることを示して、梅雨が迫っているので日本政府が修復をするが、その費用についてはお互いに全権大使に訴えて裁判で決めるべきであると通告している。

グラバー商会やモンブランなど旧知の外商に対しても、五代は温情に走ることなく職務に忠実であったことが、書簡から窺うことができる。たとえば、グラバー商会の産卵紙の無許可輸出については、横浜で運上（税）を納入済みであったことが判明し、「横浜運上所収納の書付、今日より日数十五日の内差出し候様」と、イギリス大使館にクレームを付けた。こうした厳重な規則の運用が、外国人を神戸に追いやる一因になったともいわれている。

なお五代は、新政府の軍事費調達などに関わったことから、三井《みつい》三郎助《さぶろうすけ》、小野《おの》善助《ぜんすけ》、島田《しまだ》八郎左衛《はちろうざえ》門《もん》の為替方三家や、鴻池《こうのいけ》善右衛門《ぜんえもん》、広岡《ひろおか》久右衛門《きゅうえもん》、永田《ながた》作兵衛《さくべえ》、殿村《とのむら》平右衛門《へいえもん》など、京・大阪町人との面識を得たが、こうした人脈は、のちに五代が大阪商人として新たな道を拓くうえで生かされていったのである。

電信・鉄道敷設の官営方針

一八六八（明治元）年十一月、モンブランからフランス公使レックを介して、大阪―神戸間「テレガラフ」設置願が提出された。この出願に対して、新政府は十二月に寺島宗則の建議によって官営方針を決定した。翌年二月に五代は、すでに政府が輸入した機械も横浜に到着しているとして、政府の官営方針をモンブランに伝え、申請を却下した。

電信の敷設事業については、旧幕府時代にも、フランス人フロリー・ヘラルド、アメリカのマック・ゴワン、イギリス人ブルークなどからの請願が提出されており、戊申戦争前から欧米商人の利権獲得競争にさらされていた。政府が東京―横浜間、大阪―神戸間の電信線を敷設したのちも、デンマークのグレート・ノーザン（Great Northern）社が長崎―横浜間の海底電信線陸揚権を取得し、沿岸の海底電線敷設の免許を獲得している。これによって同社に国内通信を掌握されかねないことに気づいた明治政府は、一八七三（明治六）年二月に横浜―長崎間の陸上電信線を敷設して、同社の海底線敷設権を取り消した（『逓信事業史』）。ちなみに、長崎から外国への通信線はその後長らくグレート・ノーザン社の独占下におかれ、政府が同社の長崎における営業権を回収することができたのは、ようやく一九四〇（昭和十五）年であった。

鉄道敷設も外国商人の利権獲得の対象となり、一八六九年二月、アメリカ領事W・M・ロビネットから大阪外国事務判事宛に、大阪―神戸間の鉄道敷設願が提出された。これに対しても、五代は伊藤博文と協議のうえ、基本的に官営方針であることを伝えながら「模様に寄り御相談可及と存候」と確答を避けた。実際に政府は、アメリカから抗議を受けつつも、十一月になって官営での鉄道建設を決定したのである。こうして一八七二年五月、最初の官営鉄道が新橋―横浜間に開通した。

電信・鉄道という近代的情報伝達手段については、五代ばかりでなく幕末に欧米文化に接触した多くの日本人が関心を寄せており、それらについて官営方針を堅持したのは、近代化に挫折した中国の例を見て学んでいたためである。明治期、日本の実業家に共通する強い国家意識は、このように幕末維新期の外国人との折衝から学んだ経験が、大きな影響を与えていると思われる。なかでも五代は、すでに潜伏中に薩摩藩に送った上申書において、攘夷論者を批判して「古は東印度近くは清朝の覆轍を踏ながら、国体を患ひ終に国体を失ふの基」と記していることからわかるように、清朝が欧米列強に半植民地化されていく過程を熟知していた。五代は、その轍を踏むまいという固い信念をもって、電信・鉄道の官営方針を率先してリードしていたのである。

2 造幣寮の設立

造幣機械の輸入

一八六八（慶応四）年五月十四日、五代友厚は外国官権判事となり、二十四日には大阪府権判事を兼任、九月十九日に大阪府判事兼任となった。川口運上所が開局したのは四月二十八日であり、一貫して川口運上所の事務を担当した五代は、厳重な取り締まりを命じたため、イギリス領事から抗議を受けた。また、伊藤博文からも「小利を謀り大利を失ひ候もの」であるとの忠告を受けているが、各国領事と交渉して「大坂開港規則」を定め、初志を貫いたのであった。

在官時代の事跡で、のちの五代の事業に直接的な影響をもたらしたのは、造幣寮の設立である。明治政府は、旧幕府の金座、銀座、銭座を接収し、とりあえずは戊辰戦争の戦費をまかなうために、はじめは大阪で、次いで江戸でも旧来の方式で貨幣の鋳造を続けた。その結果、市場に流通する貨幣の

川口運上所と川口電信局

品位はまちまちとなり、オリエンタルバンクの報告によると、①旧幕府が最初に吹き立てた一分銀は純銀、②一ドル＝一分銀三個の交換比率に対応して幕府が一八五九年に改鋳した一分銀は九〇パーセント純銀で、①に対して一一〇パーセントの出目、③明治政府が鋳造した一分銀は、①に比べて一四〇パーセントの出目となっていた。一方で新政府が発行した金札は、不換紙幣であったため価値が下落して思うように流通しなかった。新政府の財政を担っていた福井藩出身の参与三岡八郎《みつおかはちろう》（由利公正《ゆりきみまさ》）は、旧貨幣の鋳造を停止して新政府の手で新貨幣を鋳造すべきだと考え、新政府はこれに従って、一八六八（慶応四）年三月に貨幣改鋳を決議した。閏四月には会計官に貨幣司《かへいし》を置き、久世治作《くぜじさく》を貨幣司判事に任じて、造幣寮の下調査を命じた。久世治作は、豊原百太郎《とよはらももたろう》らとともに、日本の古金銀や欧米の貨幣を分析して、日本の鋳貨が品位や量目が不統一であることを明らかにした。

　こうした状況で、貨幣司判事の由利は、香港にあるイギリス造幣機械を購入することを新政府から命じられ、五代と寺島にその事務を委ねた。イギリスは、アヘン戦争によって香港を領有し、イギリ

由利公正

ス銀貨を流通させてメキシコ・ドルを駆逐しようと企てた。ところがイギリスのポンド貨幣は量目不足のため、中国では出目を付けて通用し、通貨支配のねらいを果たせなかった。このため、一八六四年に香港造幣局を設置して、メキシコ・ドルと同品位・量目の銀貨を発行することにした。ところが、一八六六年から発行された新銀貨は、純銀量が少ないため中国商人には不評で、思うように流通しなかった。こうして二年後には香港造幣局が閉鎖されることになり、造幣設備はジャーディン・マセソン商会に売却された。五代から造幣機械購入の協力を要請されたグラバーは、この造幣機械を六万ドルで購入して日本政府に八万ドルで売ろうとした。ところが日本政府は上《うえ》野《の》景範《かげのり》を香港に派遣して購入価格を調査し、造幣局の購入価格を六万ドルとしたため、グラバーは手数料を取得できなかったという（杉山前掲書）。この造幣機械は、ロンドンのジェームス・ワット社製造、六〇馬力で銀貨鋳造用であった。

造幣寮の建設

造幣機械の買収交渉に成功したところで、五代らに造幣寮の適地を大阪で探すよう命令が下り、天満川崎村の旧町奉行付属米倉庫跡が建設予定地として決定された。造幣寮を大阪に置くことになったのは、立脇和夫によれば、当時は大阪が新政府の首都となる

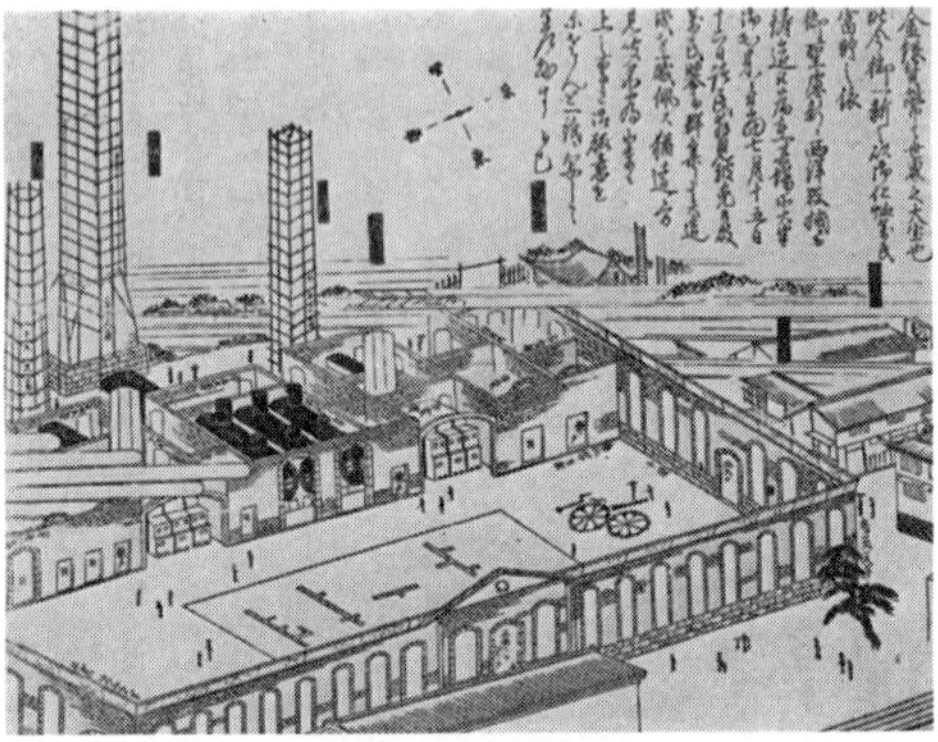
造幣寮貨幣鋳造場

形勢にあったためという（立脇和夫『明治政府と英国東洋銀行』）。実際に、江戸を東京と改めたのは一八六八年七月、太政官を東京に移したのは翌六九年四月であった。

造幣機械と建築資材は、一八六八年八月末に大阪に到着した。機械代金の一部五万ドルは、出納司から五代が受け取って支払い、さらに機械の据付がほぼ終わった十月初めには、残り一万六〇〇〇ドルを出納司に督促している。翌年三月、五代が政府に出した建言書によると、外国人から一千万円を借り入れ、それを原資として正金の貨幣を作り、楮幣（楮を原料とした紙幣）との引き替えを行うならば「正金楮幣ノ別ナク其弁ナルニ仍テ自ラ楮幣ヲ好ムハ必然ナリ（中略）貨幣ノ融通随意ニシテ借用起源年賦ヲ払フ更ニ難キニアラズ」とされ、銀貨兌換制度を考えていたことがわかる。さらに、銀兌換によって入手した楮幣で生糸や茶などを買い入れ、外国に輸出して洋銀で代金を受け取ること、開港地の税は銀で収納し、開港地の入費は金札で支払うこと、さらに五代は、商税、船税、官吏給与への税、諸侯領地への課税、地価に応じた地税といった五種の税を新設することを提言している。実際に五代は、イギリスのボードウィン、オランダのヲールトから多額の地金や洋銀を買い入れて、造幣事業の開始に向けた準備を整えたものと思われる。

五代が建言書を提出した翌月には、造幣局が太政官のなかに設置され、七月には造幣寮と改称して貨幣司を廃止し、造幣寮の建設も大詰めを迎えた。地金・洋銀買い入れ資金の返済は、五代から出納司へと引き継がれたが、利息計算など外商との間で詳細な詰めが必要になり、出納司から五代にたびたび問い合わせの書簡が届いた。このためか、五代の自筆と思われる「金銀買入規則」の草案が残されている。ところが、一八六九年末に造幣寮と機械がほぼ全焼した。このため、翌年三月に改めて造幣機械、硫酸製造設備などを発注して、再建にとりかかった。香港の王立鋳貨局長官であったトーマス・キンダー（Thomas William Kinder）が来日して、機械の据え付けなどを指揮し、本格的銀貨鋳造が始まったのは一八七一年一月であった。

3　辞官と帰郷

由利財政への批判

由利財政の特徴は、福井藩の財政立て直しに成功した由利公正が、自らの経験を生かして不換紙幣である金札の発行によって歳入不足を賄い、あわせて殖産興業資金を調達するというものであった。しかし、商法会所を通じて金札を勧業資金として貸し付ける方法では、金札の流通は思うように進まなかった。その一方で、株仲間の解散や物価統制、米相場の禁止など、旧来の商業組織の混乱をもたらす新制度に対する商人からの不信が高まり、とくに銀目廃止を強行したことによって、大阪商人の不満が高まっていた。さらに、貨幣品位の不統一、金札の価値低落に対して、一八六八（明治元）年十一月にパークスをはじめとする外国公使から強い抗議が寄せられるに至った。このため新政府は、金札の時価通用を認めざるを得なかったが、同時に造幣寮を設けて新鋳貨の発行を急いだのである（『大阪税関沿革史』）。

五代は、既述のように造幣機械の買い付けと造幣事業の早期のスタートに尽力した。しかし、金札の価値低下に歯止めがかからなかったため、関税を金札で納入させるときの標準相場が問題となり、五代は兵庫県知事であった伊藤博文と交渉して、三月一日以降は正金での納付を義務づけることとした。一方、兵庫では三月十五日まで金札による納入を認めることで妥協し、大阪にその旨通知してきたため、五代も十六日以降に延期する旨を改めて通知した。ところが、五代の通知を受けた外国領事が公使に指示を仰いだため、イギリス公使パークスから新政府に強硬な抗議が申し込まれた。結局、外国官知事伊達宗城がパークスと直接談判し、金札納税の停止を四月二十二日とすることに決定したのである。

政府が、金札納税停止を通知したのは三月であったが、その後、五代は政府から呼び出され、外国官副知事の大隈重信や大久保利通らと貨幣問題について議論を重ねた。このとき、金札の信用挽回策について意見書を提出したと、『贈正五位勲四等五代友厚君傳』には記されている。この建言書を、新政府が採用したために「数句を出ずして一般の信用大に復し、嚢に低落したる紙幣漸次成果を高め」て、額面流通するようになったと評価している。しかし、五代の建言書の内容が不明であって、同書の評価の是非を確認することはできない（片岡春郷『贈正五位勲四等五代友厚君傳』）。

五代は、大阪商人の意見を代弁する立場にあり、また外国公使との折衝の矢面に立っていたため、金札の信用挽回策については具体的な意見を持っていたはずである。実際に、一八六九年三月には銀貨兌換制度を建言した。また寺島宗則は、五代にあてた書簡で「公使等頻に貨幣の性悪を訴フル事盛也。一言もなし、御地にては如何御工夫に候や」と相談をしている。五代にかぎらず、寺島宗則など外国事務に携わる人たちは、品位の低い貨幣に対する外国公使からの強い抗議に、一様に困惑していたのである。こうして由利財政への強い批判が起こり、一八六九年二月、ついに由利公正は会計官辞任に追い込まれた。その後任には大隈が就任し、開港場に通商司が設置されて、商法司は廃止された。

五代は、一八六九年五月十五日に会計官判事を拝命し、横浜への転勤を命じられた。しかし、大阪の外国事務残務のため大阪に一旦戻り、六月から会計官判事として横浜在勤となった。五代が上京していた六月初め、大阪から鴻池善右衛門、殿村平右衛門、広岡久右衛門ら六名が政府の命で上京し、通商司規則を下付されて通商為替会社設立の勧説を受けた。五代も両会社の設立を熱心に勧誘したという。こうして鴻池らは、通商司為替会社の「総頭取」に任命されて、為替会社と通商会社の設立に奔走することになったのである。

五代も、通商頭取を命じられた。五代文書のなかには、「乍恐口上書を以奉願上候」とした上申書の草案が残されており、それによると通商会社の経営は、「商法」を立てれば必ず意図は達せられると五代は考えていた。すなわち「一商法を開き、大利を得るの矩本を立て、普く諸商の蒙昧を照」らせば、利に走るのは人情だから通商会社の意図は達せられる、と書いている。その商法とは、第一条として、生糸価格が暴落している今、生糸を買い置いて、新貨幣が流通して貿易が盛んになる来春に売れば、「曠大の利益」を得ることができるとしていた。また第二条として、茶についても生糸同様の商売をする、第三条では米価下落を待って買い置き、来年に米価が高騰したときに売り捌いて相場を下げる、というものであった。ここには、のちに米価高騰に売り向かった五代の相場師としての萌芽が見られるのである。

その最中における五代の横浜転勤に対して、大阪川口運上所（外国事務局）の役人一同一五一名の連名で、留任願書が提出された。「才助殿早ク此事（大阪商人が旧習になじみ新規の商法を企てるものが少ないこと）ヲ憂ヒ玉ヒ、万国普通ノ公法ヲ説キ、閉鎖ノ利害得失ヲ論ジ（中略）商民漸ク活眼ヲ開キ、即今姑息ノ旧習ヲ脱離セント欲スルノ時ニ臨ンデ御転遷被為在候テハ、船ノ楫ヲ断ジ車ノ軸ヲ失ヘルガ如ク」と、長文にわたって五代の功績を述べ、大阪への帰任を嘆願している（「復職嘆願書」ほか）。

五代の横浜への転勤は、大隈と大久保に呼ばれて金札問題について意見を述べたことがきっかけであった。新政府にとって、諸外国との貨幣問題を解決して貿易の順調な成長を担保し、それによって財政の立て直しに着手することは喫緊の課題であった。造幣寮の設置にはじまり、その運用、金札の額面での通用、関税の正金納税と、多くの課題を処理してきた五代を会計官に登用したのは、このためであった。しかし、五代は在職一カ月余りで辞職願を提出し、七月四日に辞職が認められた。その間、二〇日間は大阪で残務処理にあたっており、実質二週間ほどの横浜勤務であった。

外国官時代の五代友厚に対して、大阪在住の外国商人や領事たちからの反発が強かったことは、すでに述べたような厳重な取り締まりの実施からみて当然であった。しかし、それ以上に反発が強かったのは、彼の国元からである。薩摩藩は、戊辰戦争が終わって武勲派が帰国すると、次第に反動的な雰囲気となり、下野して帰藩した西郷隆盛を頭領に立てて、徴士として新政府の官僚になって活躍している人々への反発を強めていた。五代の場合は、薩英戦争でイギリス艦の捕虜になったときから、鹿児島での評判が険悪になって潜伏を余儀なくされていたし、藩から許された後も大半の歳月を長崎、あるいはヨーロッパ、そして畿内での活動に費やしていた。薩摩藩の士風とまったく相容れないことは、五代自身が最も強く感じていたであろう。しかも、中央政府の官吏として栄達したことが、国元からの反感・攻撃をさらに強めることになり、五代としては嫌気がさしたとしか思えない。こうした五代に対する国元の批判は、親友の高崎正風からの書簡で詳しく聞いており、高崎からは、一旦帰藩して半年ほど辛抱したうえで無官で出藩するならば、「鹿暴輩モ疑念ヲ絶、安堵イタスベク」との忠告も受けていた。しかし五代は、そうしてまで官途での栄達を求めようとは思わなかったのであろう。

五代の帰藩

五代が、会計官を辞するに際しては政府からは晒布二疋、金七五〇両が下付された。一方、薩摩藩からは、五代の帰藩を促す意見が強く寄せられた。老中の桂久武から、一日も早い帰藩を促す手紙を受け、五代は一八六九（明治二）年十二月に大阪から長崎経由で鹿児島に帰った。藩の武勲派に会って自らの衷心を披瀝し、彼らの誤解を解くことができたのであった。その結果として、薩摩藩からは

五代による戯画「惣難獣」

「御養料」として、一八七一年三月まで「御米三拾俸」が支給されることになった。

　下野後も、五代に再度の任官を要請する動きが多くあった。一八七〇年一月には、高崎正風が、井上馨や大隈重信が五代を大蔵省に抜擢したいと望んでいることを伝えたが、五代の下野の意志は固く、「種々御配示ノ趣、逐一、塵俗ヲ脱却いたし候御高論、更ニ一毫の異存も無之」と、高崎正風を納得させている。その後も、大隈が大阪に来て五代の任官を促したり、五代が上京した折に西郷従道《つぐみち》や川村純義などから勧誘を受けたりしているが、いずれも固辞した。「兼て赤心申上候通、男子一度決心いたし候上、再び仕官の志は、譬へ朝命と云へども難報」と、断り続けたのである（「有川十右衛門あて書状」）。大久保利通に対しても任官を固辞する決意を伝え、大久保は「黙考熟思、漸く君が赤心に感激賛同」したという（前掲『贈正五位勲四等五代友厚君傳』）。

　五代下野後の作と伝えられる「惣難獣」の戯作は、「鼻タカクナリ……鼻ウツコト毎々也。サレドモ不苦《くるしからず》。口広クシテ舌長ク、有時ハ二枚ニモ仕《つか》ヒ」という異形の獣が、明治元年春ころから諸国の山奥から出てきて万人を悩ましているという、新政府の官吏を風刺したものである。在官時代の五代が、官吏に愛想を尽かしている様子がよく表現されていて、仕官固辞の背後にある五代の頑な感情を汲みとることができる。

五代は、こうして大阪で自ら事業を起こす道を選んだ。旧幕府時代の社会風土が強く残る当時にあって、武士階級に出自を持ち、しかも明治政府で栄達の道が開けていた五代が、民間の一商人として新しい人生を歩む決心をしたことは、生半可なことではなかった。たとえば、もともと農村の出身であった渋沢栄一は、財界のトップリーダーとなったあとに、次のように語っている。すなわち「維新の革命は諸藩士の力に依りしものとも云ふへき程でありましたから」、天下の人士は悉く官途を希望し「我日本の商工業の衰退を憂ひて之を興隆せんと企図せしものは、実に落々晨星の姿でありました」と。これが一八九六年の講演であるから、三〇年前における五代の退官に対する世間の受け止め方が、どのようなものであったか、そして、まさに夜明けの星のように数少ない出来事（落々晨星）であったということが、わかるのである。

五代には、ヨーロッパの盛んな商工業を見聞した経験があり、また帰国後は薩摩藩士として富国強兵の実をあげようと、薩摩藩の活発な経済活動を担って活動を展開していた。このため、グラバーのような国際的活躍をする商人を、身近に知っていた。さらに、幕末から維新にかけての数年間に五代が活躍の舞台とした大阪は、幕藩時代を通じて日本の商工業のまさに中心地であった。その大阪の経済活動が、銀目廃止と東京遷都によって沈滞し、商人たちは旧弊に捉われて新しい時代に置き去りにされつつあった。五代はその様子をみて「我宜しく民間に入りて、率先国利民福を謀るべし」（片岡春郷『贈正五位勲四等五代友厚君傳』）と、決心したのである。論語にいう「義を見てなさざるは勇無きなり」を、敢然と実行に移したのであった。

第四章　実業界でのスタート

1　金銀分析所の事業

事業家としての五代友厚

一八六九（明治二）年七月、五代友厚は官を辞し、十月に大阪府西成郡今宮村に金銀分析所を設立して、事業家としてのスタートを切った。大阪府判事に在任中、造幣寮の事業に関わってきた五代は、各種の旧貨幣を吹き分けて造幣材料として造幣寮に納入する仕事に将来性を感じ、下野後の事業とする構想を温めていたに違いない。

五代が下野前後に手掛けた事業としては、このほかに出版・印刷事業がある。活版印刷技術の普及にはじまり、大阪商法会議所の調査報告書である『商況調査報告』などの公刊、『薩摩辞書』の出版や『大阪新報』の創刊など、五代は近代文明の伝道ツールの整備に深い関心を持って関与していたのである。こうした関心が、のちには飛躍的に展開して、東京馬車鉄道や阪堺鉄道、また神戸桟橋会社など、交通・運輸事業への投資につながっていった。

一方、金銀分析所の事業が軌道に乗った一八七一年、五代は鉱山経営への進出を果たした。奈良県吉野郡の天和銅山を取得し、さらに近隣鉱山を次々買収して、それら鉱山の経営を統括する組織として弘成館を設立したのである。さらに、福島県伊達郡の半田銀山を取得し、また鹿児島の羽島金山や鹿籠金山を買収して、鉱山経営を拡張した。五代は、鉱山の採掘や精錬に近代技術を導入し、弘成館に近代的組織を備えて、これら多数の鉱山の統括にあてた。

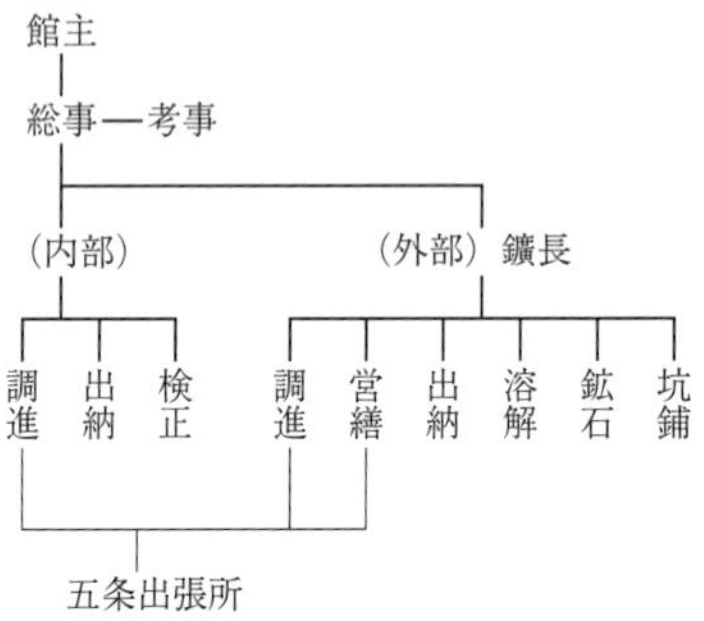

弘成館の組織

次いで、産出銅の加工のために大阪に大阪製銅会社を設立した。同社は、住友家をはじめ大阪の実業界あげての事業であったが、同社が稼働し始めると、日本の銅板や真鍮板の輸入が減少したといわれるほど、大きな影響力を持った。五代が、近代技術と近代組織を導入したことが同社の成功をもたらし、日本の伸銅工業の先駆けとなったのである。

大阪製銅会社の設立目的をさらに展開して、輸出の拡大を企図して着手したのが、精製藍事業である。朝陽館を設立して、大阪堂島と東京三田綱町に蒸気機関を備えた近代的工場を建設し、各地で生藍葉を調達して精製し、水に溶けやすい錠剤タイプの藍染料〝藍錠〟を製造した。製品をヨーロッパに輸出しようとしたのである。しかし、朝陽館は大規模な投資に見合う利益を上げることはできず、インドの精製藍、やがてはドイツの人造藍に敗れ去った。もっとも今日では、日本の伝統的な藍染は〝ジャパン・ブルー〟として世界的に見直され、再評価されつつある。

五代がこれらの事業を創始した動機は、ヨーロッパ技術の導入によって近代工業を興し、輸入を防遏《ぼうあつ》し、さらに輸出を拡大することにあった。そして製銅事業も製藍事業も、国内生産の高付加価値化を通じて日本の産業に国際競争力をつけ、輸入防遏や輸出拡大を実現しようとしていた。いわば代替工業化によって近代工業を根づかせ、あわせて国際収支の悪化を防ぎ、植民地化の危機を回避しようとしたのである。

五代は、幕末の海外渡航経験に基づいて、貿易立国とその利益による富国強兵政策を主張していた。しかし、明治初年に外国官権判事となり、外商の資力、情報力、交渉力などを知るに及んで、外商が商権を掌握している貿易事業に自ら乗り出すことは時期尚早と考えるようになり、近代工業の導入に努めるようになった。そして、鉱山経営や製銅事業が軌道に乗ると、五代は再び商社活動に関心を向け始めた。北海道開拓使の黒田清隆《くろだきよたか》や、鹿児島商人の笠野熊吉《かさのくまきち》の広業商会を通じて、北海道海産物の清国向け輸出に着手したのである。かつて隆盛を極めた、薩摩藩の昆布輸出事業の再現を狙ったのであろうか。

同様に、北海道開拓使官有物払い下げ事件の舞台となった関西貿易社も、五代が発起人となって関西財界に呼びかけた商社であった。これらの商社活動は、政争に巻き込まれたという理由だけではなく、いずれも事業として成功していない。清国商人の商権に対抗するには、資金も経験も不足しており、それを開拓使に対する利権で補強しようとしたのかもしれない。結果としては、貿易事業で経験豊富な外商と互角に渡り合うには時期尚早という、事業活動を始めた当初の五代の判断を裏づけるような経緯をたどったのである。

以下では、五代の事業展開を個々にみていこう。

金銀分析所の設立

前述のように、官を辞した五代友厚が、最初に着手した事業は古金銀貨幣を買い集めて分析し、地金銀として造幣寮に納入する事業であった。一八六九（明治二）年十月に、大阪府西成郡今宮村（現 大阪府浪速区恵美寿）に金銀分析所を設立したのである。

五代は、在官時代から造幣寮建設に関わり、用地の選定や造幣機械の購入、造幣技師の紹介、さらには造幣のための地金・洋銀の購入など、多面にわたって関与した。この造幣寮の事業を通じて、化学技術に明るい久世治作と出会い、また両替商の「紀の庄」こと紀伊国屋庄三郎《きのくにやしょうざぶろう》（久里正三郎）とも知り合った。外商から多額の洋銀などを購入した経験から、洋銀の相場や幕府鋳造の各種貨幣の品位、各藩贋造貨幣の格付けなど、貨幣に関する豊富な知識も得たことであろう。さらに五代は、欧州視察旅行のときに、日本の一分銀を吹き分ける作業を興味深く観察しており、旧貨幣の吹き分けによって贋造貨幣を一掃できるばかりでなく、事業として大きな利益が期待できるという見聞知識も持っていた。こうしたことから、五代は在官時代から、下野後の事業として金銀分析事業の構想を温めていたにちがいない。

紀伊国屋庄三郎の名義で、大隈重信に建白書を提出したのは、一八六九年の夏であった。その後、五代から大隈あて書簡で「下僕別懇なる紀伊屋正三郎と申もの、贋金御所置振の儀建言いたし候由の処、直ニ御尋問相成候趣ニて、至急御召相成候由」と、紀伊国屋からの伝聞を伝え、「御採用相成候儀共ならバ、速ニ御裁決被成下候様」と催促をしている。こうして大隈の賛同を得、そのうえで紀伊国屋の別邸を購入し、その一部を改築して金銀分析所とした。創業資金としては、大阪で金銀銅地金の取引を手がけていた造幣寮御用達商人の岡田平蔵から出資を得たという（長井実編『自叙益田孝翁伝』）。しかし旧貨幣を買収するためには、紀伊国屋の両替商としての経験や信用は欠くべからざるものであり、彼の現物出資もあったのではないだろうか。

岡田平蔵は江戸の金物商伊勢屋平作の養子であった。伊勢屋は、開港したばかりの横浜で地金などの輸入業を始め、平蔵は古金銀や生糸、菜種油などの目利きをしていたという。岡田平蔵が金銀分析所に出資したのは、古金銀取引に関心があったためであろうが、伊勢屋の輸入する地金が日本の古金銀を溶融して精製したものであったことから、金銀分析所の事業は将来性があるとみたのかもしれない。一方で、五代にとっても岡田の古金銀の目利力は役に立ったであろう。

金銀分析所の経営は、岡田平蔵の番頭であった益田孝にゆだねられ、順調なスタートを切った。紀伊国屋の推挙で、阪井五一と久世義之助とが分析所の仕事を手伝うことになった。久世義之助の父治作は、当時では数少ない冶金技術者であって、五代とは造幣寮技師として知り合った。義之助は、当時生野鉱山でフランソワ・コワニーのもとで働いていた。コワニーは五代がモンブラン伯に派遣を依頼して来日した鉱山技師であって、日本の鉱山・冶金近代技術の師であった。義之助は、コワニーのもとで最新技術を学び、実際に金銀分析所で働き始めたのは、一八七一年であった。

造幣寮の稼働と金銀分析所

金銀分析所が設立された時点では、年末に造幣寮が完成して貨幣鋳造が開始される見通しであった。ところが、一八六九(明治二)年十二月の火災によって造幣寮も機械設備もほぼ全焼したため、翌年三月に改めて造幣機械、硫酸製造設備などを発注して、再建に取りかかった。本格的銀貨鋳造が始まったのは、一八七一年一月であった(立脇和夫『明治政府と英国東洋銀行』)。さらに造幣寮に地金局が置かれて、金銀の買い入れを本格化させたのは、同年六月となった。それまでの間、金銀分析所の仕事としては、全国から旧貨幣を買い集めることに重点を置かざるを得なかったのである。そこでは、紀伊国屋の両替商としての知識や手腕が、大いに役立ったはずである。

一方で岡田平蔵は、一八七一年十一月に三井八郎右衛門とともに造幣寮の分析御用を命じられ、五代から独立して造幣寮への地金納入を開始した(宮本又次『小野組の研究』第三巻)。岡田は、造幣寮への金銀納入で得た資金で岡田組を設立し、五代にとってはライバルとなったのである。その後、岡田は井上馨・益田孝と組んで尾去沢鉱山の払い下げを受け、鉱山事業と貿易を行おうとするが、間もなく急死した。岡田の死後、井上と益田が発足させた先収会社は、井上の政界復帰後、再編されて三井物産となった(佐々木誠治「三井物産会社の生成事情——先収会社とのつながりを中心にして」)。五代は、岡田との関係から益田孝を知り、さらに三井組とのつながりもできたのである。

こうして、本格的に造幣寮が稼働するころには、金銀分析所は五代の単独事業となった。五代は、この事業で数百万円にのぼる巨利を得たといわれる。造幣寮への地金納入は、五代の経営する金銀分

造幣寮出張所輸入の各鉱山産出地金（1882年度）

鉱山名称	輸入高	溶解減	品位		価格		金銀合数
			金	銀	金貨	銀貨	
小　坂＋	94,295.05	7.11		991.0		117,761.75	117,761.75
同	2,769.58	22.75	12.6	981.5	700.03	3,371.71	4,071.74
阿　仁＋	15,273.94	6.27		996.5		19,189.24	19,189.24
同	2,338.00	3.73	35.4	946.0	1,692.13	2,795.89	4,488.02
佐　渡	75,973.70	4.89	26.1	863.0	40,507.55	82,810.54	123,318.09
院　内	24,327.33	9.51	10.8	982.5	5,342.14	30,048.15	35,390.29
十輪田	25,766.55	26.00	17.1	978.0	8,810.01	31,152.62	39,962.63
飛　騨＋	15,508.49	6.34		995.0		19,462.53	19,462.53
同	905.00	5.10	0.9	993.5	16.64	1,135.46	1,152.10
尾　太＋	877.00	4.82		993.5		1,100.55	1,100.55
軽井沢＋	617.24	4.09		995.0		776.31	776.31
朝陽館 半　田	174,140.76	9.80	3.3	972.8	12,681.43	212,905.80	225,587.23
星　野 半　田＊	4,143.03	24.06	2.3	974.0	190.73	4,998.51	5,189.24
大　葛	829.34	47.12	880.2	69.0	14,279.81	69.19	14,349.00
尾去沢	785.87	76.89	843.9	140.0	12,566.78	128.89	12,695.67

注：＋　貨幣鋳造に適する地金，＊　1882年５月から輸入した地金。
出典：『五代友厚伝記資料』第二巻二二，31頁。

析所と、岡田および三井の三者の寡占事業であったが、そのなかでは金銀分析所が先行していたため技術者を独占しており、しかも需要が一般に喚起される前に旧貨幣を安価に買い入れていたことが、巨利を博した事由となった。

世上では「御上の溶鑪釜《ようろがま》さへ鉄製なるに、五代さんの溶鑪釜は悉《ことごと》く上等の錫製ぢゃ、剰《あまつ》さへ日に鋳潰す金貨の価値は大蔵省の金より多いそうぢゃ」と、目を見張ったといわれている（贈位記念友厚会編『近代之偉人　故五代友厚伝』）。このように、巨額な地金を取り扱うことができた理由として、外部からの分析依頼が増加したことがある。実際に、鹿児島の国分平覚ら三名が新二分判と銀地金の分析を五代に依頼し、分析のうえ造幣寮に納入して新貨幣に引き換えたときには、一八七一年十月から翌年五月までの約八カ月間に、造幣寮から新貨幣一五万七七六一両（円）を受け取っている。五代は、このように自己資金をはるかに上回る規模で、旧貨幣や地金を分析して造幣寮に納入していた。ここにも、先行事業としての優位性があった。

造幣寮地金局の地金買い入れについては、一八八二年中の造幣寮買い入れ各鉱山地金の一覧表（前頁参照）が残されており、全購入高は重量で四四万オンス弱、そのうち五代の経営する半田銀山が最も納入量が多く、ほぼ四〇パーセントを占めていた。金額ベースでも、金銀の買い入れ合計六二万四五〇〇円のうち三六パーセントを半田銀山が占めている。これに対して官営の佐渡金山は、金額ベースで二〇パーセント弱のシェアに過ぎない。半田銀山は、五代が一八七四年に開坑した銀山であって、大阪造幣寮の購入地金に占める半田銀山のシェアの高さは、造幣寮における五代の地盤の強固さを示しているともいえる。

なお、この資料には「朝陽館半田山」と記されており、一八八四年の地金勘定書も朝陽館あてであった。半田銀山は、組織としては弘成館の管轄下にあったが、金銀分析所は朝陽館の管轄下に置かれていたのかもしれない。半田銀山の産出銀は山元で精製されたのち、直接に造幣寮に納入されたようである。

2　活版印刷の普及と出版事業

活版印刷普及への貢献

五代が下野前後に手がけた事業には、金銀分析所のほかに出版・印刷がある。当時の印刷・出版は、通常は浮世絵と同様に木版によるものであって、一ページを一枚の木版として刷り出す技術が、一般に普及していた。そうしたなかで、活字を使ったヨーロッパの印刷技術に知識があった五代は、日本における活版印刷の導入と普及に一役買ったのである。

五代が最初に手掛けた出版は、『二十一史』の復刻版であった。二十一史とは、中国の歴代の正史である史記、漢書、後漢書、三国志など二十一書を集大成したもので、薩摩藩の小松帯刀が原本を所蔵していた。小松は、当時すでに稀覯本となっていた『二十一史』を復刻したいと考えて、五代や重野安繹に相談した。相談を受けた五代は、長崎の大村屋という印刷所に出版を勧誘し、その技術支援を、長崎で活版製造をしていた本木昌造《もときしょうぞう》に依頼した。本木は元オランダ通詞であって、長崎製鉄所御用掛のときに五代の知己を得ていたのであろう。本木は、オランダ人から西洋活版印刷の手ほどきを受けて、長崎新町に活版所を設けて印刷を行っていた。その後、興善町に長崎製鉄所付属活版伝習所が設置されて、ウィリアム・ガンブル（William Gamble）が上海から招致されると、本木はガンブルから母型製作・活字鋳造の指導を受けた（川田久長『活版印刷史——日本活版印刷史の研究』）。

本木は、日本ではごく初期の活版印刷の伝道者であった。彼は五代の依頼に応じて門下生の酒井三《さかいさん》蔵《ぞう》、小幡正蔵《おばたしょうぞう》を大阪に派遣し、五代の後援によって活版所を開かせることにした。ところが、一八七〇（明治三）年八月に『二十一史』復刻版出版の依頼主であった小松が病没したため、出版事業は中止となった。こうして、長崎新塾出張大阪活版所だけが創設されたのである（重藤威夫『長崎居留地』）。大阪活版所は、大手通三丁目骨屋町にあった薬種問屋の長崎屋吉田宗三郎方に置かれた。

大阪活版所は、大阪における活版印刷の嚆矢であり、その後は酒井三蔵が経営にあたった。一八七七年には北久太郎町二丁目に移り、八三年に資本金五万五千円の株式会社大阪活版製造所となった（『日本全国諸会社役員録1』）。また小幡は、一八七二年に東京で平野富二《ひらのとみじ》の東京活版所開設に参画し、同活版所は、翌年に築地に移って平野活版製造所となった。のちの東京築地活版製造所である。酒井と小幡は、それぞれ大阪と東京で活版印刷の先鞭を切り開いたのである。一方で平野は、本木のもとで長崎製鉄所の機関手に採用され、その後、長崎活版所の経営に従事していた。本木が、東京築地に活版製造所を設立することになったため、平野は東京に移住し、同所の設立と経営に携わったのである。このため、日本の近代活版印刷の先駆者と呼ばれている。一八七五年に本木が没したときには、活版製造所の資産は一〇万円となっていて、これを本木家に返上したのであるが、このように平野の経営手腕には卓絶したものがあった。翌一八七六年には、官営修船所を借り受けて石川島平野造船所として育てるなど、優れた事業家であった（『石川島重工業株式会社一〇八年史』）。

一八七八年に五代が設立した大阪商法会議所は、各種の諮問・建議に活発な活動を繰りひろげた。その成果として「商況調査報告」や「商況新報」が印刷・発刊されているが、これらは所内に設置された印刷局で印刷された。大阪活版所に五代が深く関わっていたためであり、他に印刷所を備えた商法会議所はみられない。

ちなみに、五代は在官時代に、将来の橋はすべて鉄橋にすべしと建言し、大阪府知事後藤象二郎がその意見をいれて、鉄橋の設計を長崎製鉄所の本木昌造に依頼した。本木は五代と相談して、五代の斡旋でロンドンから橋材を購入して鉄橋を建設した。こうして一八七〇年九月に、大阪最初の鉄橋として高麗橋が竣工したのである（宮本又次『五代友厚伝』）。

辞書の出版と新聞事業

五代が関わったもう一つの出版事業は、『和訳英辞書』通称薩摩辞書である。一般に、薩摩辞書といわれている英和辞書は二種あり、そのうち最初のものは五代が販売協力をした『和訳英辞書』、もう一つはさらに堀孝之に増補改訂させた『改正増補和訳英辞書』であった。

日本で最初の英和辞書といわれるのは、一八六七（慶応三）年に江戸で出版された『英和対訳袖珍辞書』（開成所刊）である。幕末に、長崎で英語を学びながら海外渡航の希望をもっていた高橋新吉《たかはししんきち》、前田献吉《まえだけんきち》・正名《まさな》兄弟が、渡航費を調達するためと後学に資するために企画したのが、この英和辞書の改訂増補版の刊行であった。一八六九（明治二）年に宣教師フルベッキの協力を得て原稿を完成させ、薩摩藩政府の許可を得て上海で印刷し、五〇〇部を持ち帰った。兵庫県に一〇〇部、兵部省に一五〇部売り込み、さらに運上所でも購入してくれるよう、小松帯刀を通して五代に販売協力の要請をしている。五代の協力が功を奏したのか、同書は東京中の書店で在庫が払底して一部一二両から一四両で売れ、一八七〇年末になると二〇両から二五両の相場が立ったという。この間、前田正名は政府からフランス留学を命じられて、一八六九年三月モンブランとともに渡欧したが、高橋新吉、前田献吉の両名は辞書販売で資金を確保し、官許を得て七一年一月にアメリカにむけて出帆した。

こうした英和辞書の人気に着眼した五代は、一八七〇年末に堀孝之を上海に派遣して、『和訳英辞書』の改正増補版の出版を画策した。『和訳英辞書』にスモール・ウェブスターから増補すること、誤訳を改正するのに人を雇うこと、巻末収録の略語に詳しい和訳をつけること、序文と最初の一ページを発版して広告を打つこと、の四箇条を記した文書が残されており、増補改訂版の編集方針を示したものと考えられる。前田らの初版とおなじく、上海のアメリカ長老派教会付属印刷所で印刷された。英和辞書の需要は大きかったが、他にも出版計画があった。五代は、「当時別て英和辞書、甚、デマンドニ有之、一日ヲ争候義ニ付」と、一日も早く出版するように促し、しかも競合する辞書より高い値を付けることを指示している（「英和辞典編集に関する覚書」『五代友厚伝記資料』第四巻）。こうして、増補改訂版は一八七三年十月に出版されたのである。

五代は、さらに新聞事業にも関わった。前述の吉田宗三郎を発行人として、一八七一年十月に『大阪府日報』を創刊した。この新聞には、同年に刊行された『改正増補和訳英辞書』の広告が載せられているが、年末には廃刊となった。その後、一八七六年二月に『大阪日報』が創刊されたが、その発起人となった平野万里《ひらのばんり》は長崎の出身で、一八七三、七四年ころに大阪裁判所の同僚と法律・修身の研究会を開いていたが、その成果を新聞で発表しようと、五代に諮って創刊したのである。しかし、大

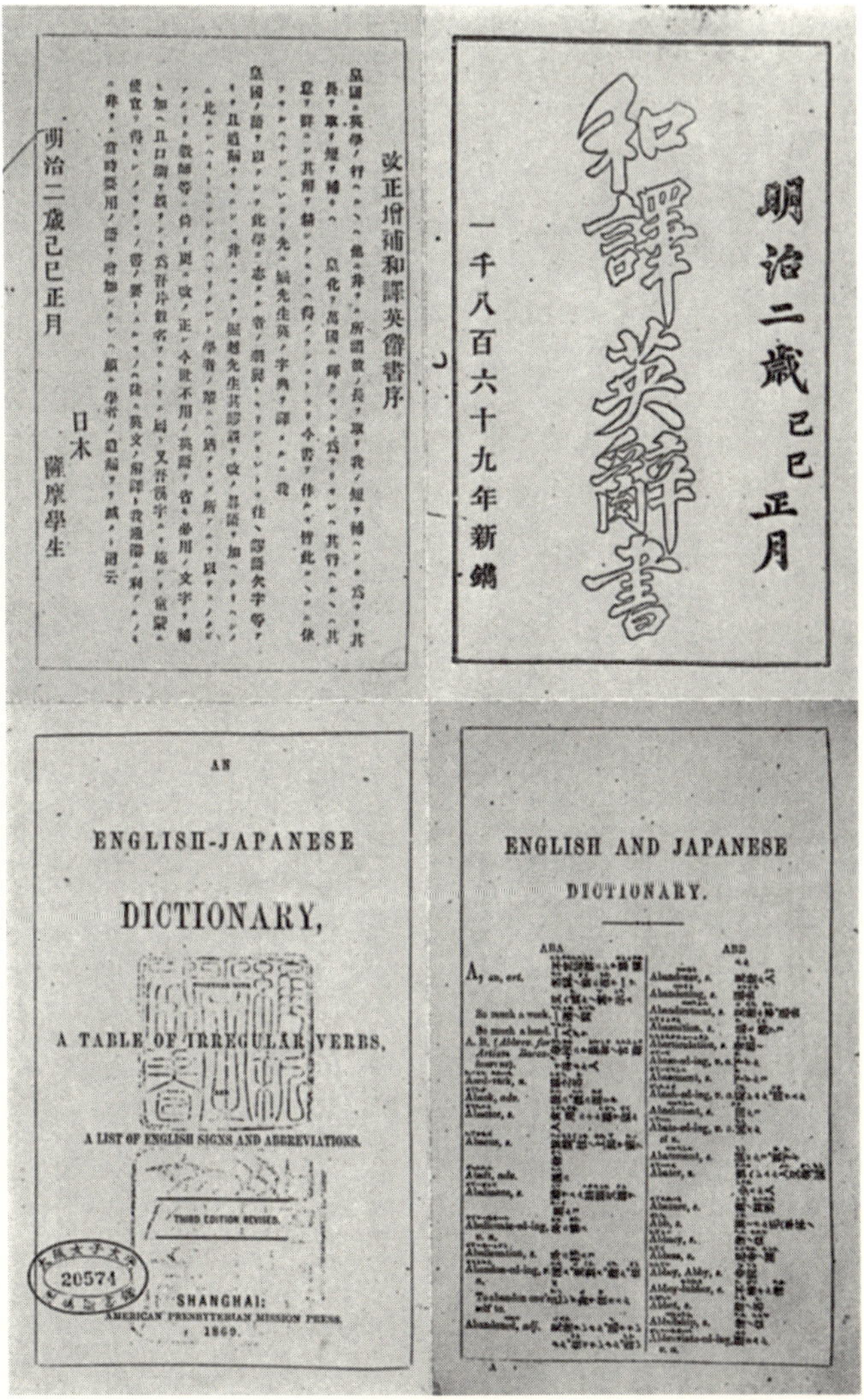
明治二歳己巳正月
和譯英辭書
一千八百六十九年新鐫
改正増補和譯英辭書序
明治二歳己巳正月
日本　薩摩學生
AN
ENGLISH-JAPANESE
DICTIONARY,
A TABLE OF IRREGULAR VERBS,
A LIST OF ENGLISH SIGNS AND ABBREVIATIONS.
THIRD EDITION REVISED.
20574
SHANGHAI:
AMERICAN PRESBYTERIAN MISSION PRESS.
1869.
ENGLISH AND JAPANESE
DICTIONARY.

『和訳英辞書』

阪日報社は西南戦争後に分裂して、平野は一八七八年十二月に今橋二丁目に大阪新報社を設立して『大阪新報』を発刊した。その後、社長である平野の病気療養に伴って五代が同社の経営を引き受け、弘成館社員の本荘《ほうじょう》一行《かずゆき》を社長に据えた。同紙は五代の機関誌になるはずであったが、北海道官有物払い下げ事件で主筆の加藤政之助《かとうまさのすけ》が五代批判に回ったため、本荘らは同紙との関係を絶つに至った（『明治大正大阪市史』第一巻）。

こうして、『大阪日報』を機関誌にしようという五代の目論見は失敗に終わった。西南戦争後、大久保独裁への批判が高まるが、五代は大久保擁護の論陣を張ろうと思ったのであろう。ともあれ、福沢諭吉が『時事新報』を創刊したのが一八八二年であることを考えると、五代が新聞のもつ広報機能に着目したのが、いかに先見の明であったかがわかる。しかも、この『大阪日報』は、紆余曲折を経て大阪毎日新聞となり、今日の全国紙『毎日新聞』へとつながっていったのである。

第五章　鉱山業の展開

1　鉱山業と弘成館

鉱山業への参入

一八七三（明治六）年七月、明治政府は「日本坑法」を公布して、すべての地下埋蔵物を国有とする、いわゆる鉱山王有制の方針を明らかにし、鉱物資源の政府専有と採掘事業からの外国人排除を打ち出した。こうした資源ナショナリズムの表明は、すでに一八六八年十二月の行政官布告においてなされ、七二年三月の「鉱山心得」で具体的な規定が設けられた。一方で、鉱山業を管轄する行政組織も早くから整備され、一八六八年二月には大阪に銅会所が設けられて、七月に鉱山局と改称し、さらに十二月には鉱山司となった。鉱山経営は、基本的に政府の直営とする方針のもとで、フランソワ・コワニーなど鉱山技師を招いたのである。さらに、一八七一年九月には工部省を設置して鉱山寮を置き、鉱山行政を管轄させた。

日本坑法の規定では、政府から鉱区を借りて借区税と坑物税を支払えば、民間業者が自由に稼行できることになっていた。このため、旧来からの山主がいる民間の鉱山でも、その権利を無視して政府要人との関係が深い政商に借区権が認可されることも多く、両者の間で紛争が絶えなかった。大蔵大輔であった井上馨と、金銀分析所の事業を五代とともに立ち上げた岡田平蔵とが関わった尾去沢《おさりざわ》鉱山事件などはその一例で、井上は下野後の事業と考えて同鉱山の稼行権取得に手を貸したのであるが、のちに旧山主に訴えられて疑獄事件に発展した。

ところで、五代が鉱山業に着手したのは、こうした鉱山政策が確定する以前のことであった。金銀分析所の事業が軌道に乗った一八七〇年ごろから、五代は各地の鉱山の調査を開始していた。そして翌年十月には奈良県の天和《てんな》銅山を取得して、鉱山経営への進出を果たしたのである。すでにみたように、五代はかねてから鉱物資源の開発について建言をしていたが、彼の富国強兵論の中心は貿易立国の主張にあった。しかし、外商が商権を掌握している外国貿易に乗り出すことは時期尚早と考えて、金銀分析事業とのシナジー効果が期待される鉱山業に着目したのであろう（田付茉莉子「工業化のリーダーシップ——五代友厚」）。

今日のような、汚職という概念は、まだなかった時代である。明治政府要人との密接な関係のある五代が借区権を得るのは、右でみたように容易なことであった。五代は、外国官権判事として貨幣問題に深く関わった経験から、明治政府が貨幣制度を整えるのには貨幣材料の豊富な供給が必要であることを認識しており、そこにビジネスチャンスを捉えて金銀分析所の事業を立ち上げたのである。したがって、さらに鉱山業へと事業を多角化することは、自然のなりゆきであったといえる。

また、金銀分析所の所在地である大阪の南、今宮あたりは江戸時代から銅精錬業が発達していた地である。五代は、この地で銅の精錬・加工にも知見を広げ、興味を持ったのであろう。のちに一八八一年一月、三井・鴻池・住友など大阪実業界あげてのバックアップを得て、五代は北区玉江町（現北区中之島四丁目）に大阪製銅会社を設立した。銅山、銀山などの鉱山採掘および山元精錬の事業から、銅加工業への事業展開であり、五代の主張のもう一つの柱であった代替国産化による輸入の防遏にも適う事業であった。

弘成館の設立と陣容

天和銅山の経営は順調であった。しかし、天和銅山に続いて滋賀県の銀鉛鉱山である蓬谷山が本格的に稼働し始めると、鉱山経営には多くの人材が必要となった。五代は、それまで「松友」の名前で統括事務にあたっていたが、一八七三（明治六）年一月には大阪北区堂島に弘成館《こうせいかん》を設立して、「松友」の実務をすべて移管した。弘成館の設立にあたって、事業に参画したのは、波江野休右衛門（休衛）、堀孝之、岩瀬公圃、永見米吉郎、久世義之助らであり、五代の旧知の人脈が事業経営に活かされていった。このうち永見は長崎の豪商の出であり、兄の伝三郎は五代の海軍伝習生時代から親しい関係にあって、伝三郎の弟の米吉郎は、大阪に上京して五代の商売を手伝い、その後、大阪で永見商店を開いた。一八七三年一月に制定された弘成館規則によると、米吉郎は三等総事という共同経営者待遇で入社している。

波江野休右衛門は、海軍伝習所で五代と同期の薩摩藩士であり、一等副総事であった。堀孝之は永見に紹介されたことを機縁に、五代の欧州視察やモンブランとの交渉などに、常に通詞としてつきそっていた。弘成館では、三等正検五等俸、月俸八〇円で処遇されている。また、金銀分析所の久世義之助は、業務が朝陽館に移管されたあとも五代の右腕として鉱山調査に活躍し、鉱石大課長六等俸、月俸六〇円であった。久世とともに金銀分析所の仕事をしていた阪井《さかい》五一《ごいち》は、内部調進大課長五等俸、月俸八〇円で、堀と同格であった。久里正三郎の甥龍作《りゅうさく》は、このとき四等学生で見習い待遇であったが、のちに五代友厚の没後に長女武子と結婚し、五代の後継者となった。

近代的経営組織の導入

弘成館には、近代的な経営組織が導入された。民間の鉱山では、請負掘り、請負精錬を前貸資本的に支配するということが通例であった当時、管理部門と鉱山の現業部門とを分離しつつ、直接に鉱山を管轄するという弘成館の組織は画期的であった。「弘成館規則」には、それぞれの職掌規定が設けられていた。そのなかでも検正課は、今日の内部監査の機能を拡大した職責を持ち、弘成館の鉱山管理の近代性を体現する部署だったといえる。同課は、内部と呼ばれた事務各課の事務作業の検証、金銭出納のチェックや、鉱石その他物品の移動のチェック、各課が作成した日表の監査、さらに鉱山に出張して山元の事務監査も行ったのである。

これらの組織・規則や、簿記法は、欧米の鉱山会社のシステムを精査して、考案されたものだという（『明治工業史　鉱業篇』）。このため弘成館の簿記法は、五代が商法講習所を通じて普及を図っていた洋式簿記とは違ったシステムになっていた。基本的には管理費や山元への資金貸与、各山からの鉱物収入などを総収入と総支出で管理しており、山元への貸与資金に利子を付け、積立金や累積赤字の処理をして各山の損益を計算する仕組みであった（「各山結算勘定簿」『五代友厚伝記資料』第三巻）。

このような弘成館の簿記法について、長沢康昭は近代簿記として極めて不完全であるとして、具体的に次の諸点を指摘している。①複式構造を持たない、②各鉱山への貸し付けなどに「内部利息」が付されている、③「資本金」のなかに固定資産に計上されるべき部分が含まれており、そのぶんだけ利益が過小評価されている、④「付替金」などには、損益計算に入れるべきものと、残高計算に入れるべきものを混在させている、といった点である（長沢康昭「弘成館決算表について」）。

近代簿記としては不完全であったとしても、弘成館での出納の管理は厳しく行われた。しかし、利益の管理が複式簿記になっていないため、山元の決算は大福帳的な性格を残すことになった。さらに、弘成館の経理が五代の個人経理と分離されていないという、いちじるしく前近代的な側面も残されていた。五代から弘成館に対して毎月出資された「御手許出収」という勘定科目があり、その一方で各山の利益は「御手許渡」として個人勘定に組み入れられていたが、各山の決算が赤字に陥ると「御手許出収」で補塡することによって、弘成館としては利益が計上できるという仕組みになっていたのである。

一八七四（明治七）年、半田山を開坑するにあたって東京・築地入船町に分店を設置し、東弘成館と称した。同地にあった貿易商社の跡地と建物を三井組から買い取り、東弘成館を開設したのである。しかし、半田山の開坑に膨大な費用を要したため、東弘成館の設置にあたっては小野組から資本が導入された。資本は小野糸店、副田社、松友社が均等に出資し、さらに小野元方から融資を受けたのである。このため利益配分は、財主と呼ばれた出資者が各一〇パーセント、鉱山の所有者である鉱主（五代）が一五パーセント、融資元である金主（小野元方）が五パーセントという協定を結んだのである。

ところが、小野組は一八七四年十一月に破綻した。五代は、折から上京中であったため小野組に直談判し、閉店前に清算することができた。五代は、桂久武にあてた書簡で「小野組閉店の節は、兼て御専念被成下候趣、幸ひ登京中の儀ニて、其非を推し、迂生との勘定は閉店前為相済、従前組合ニテ相企置候件々、彼より出金の分ハ、都て相払済、災害丈は相遁居申候」と報告している。このように、小野組破綻による金銭的被害は大したことなく処理され、半田山の経営は五代の個人経営となった。それに伴って、東弘成館は東京出張所と呼称されたのである。

2　主な鉱山の経営

五代友厚が経営する鉱山は多数あるが、その全貌を確定する資料は乏しい。主な鉱山は次頁表のとおりである。以下では天和銅山、蓬谷《よもぎだに》鉛山、半田銀山、羽島・鹿籠《かご》金山にしぼって沿革をみておこう。

天和銅山

一八七一（明治四）年十月に、五代は鉱山取締方の森清之助《もりせいのすけ》、神山九八郎《かみやまくはちろう》から、奈良県吉野郡天川郷和田村にある天和山・紫園山両銅山の稼行権を一万両で取得した。天和山

所有鉱山一覧

鉱山名	所在地	産出鉱	取得年月	概　　要	出　　典
天和山	奈良県吉野郡天川郷和田村	銅	1871		①，③，④
赤倉山	奈良県吉野郡北山郷西野村	銅	1872		①，④
栃尾山	奈良県吉野郡天川郷栃尾村	銅	1875		①，③
蓬谷山	滋賀県愛知郡政所村	銀・鉛	1872		①，③，④
茨木茶屋山	滋賀県愛知郡茨木茶屋村	鉛	1874		①
水沢山	三重県三重郡水沢村	水銀	1874		①，④
和気山	岡山県多気郡樫村	銅	1876		①，③，④
亀谷山	富山県新川郡亀谷村	銅	1874		①
久米山	北条県（岡山県）	銅			①
半田山	福島県伊達郡南北半田村	銀	1874		①，②，③，④
半田廃坑	福島県伊達郡北半田村	金・銀	1882		①，④
面谷山	福井県大野郡面谷村	銀・銅	1881	杉村次郎（②では秋田弥左衛門）	①，②
神崎山	大分県尾平村・木浦村	銅	1874		①，④
大立山	兵庫県宍粟郡倉床村	銀	1879		①，③
豊石山	島根県豊稼村	鉛	1884		①
鹿籠山	鹿児島県川辺郡東鹿籠村	金	1883	大阪同盟会社（五代・中野・杉村）	①，②，④
羽島山	鹿児島県	金	1874	→1875祁答院重義→1883大阪同盟会社	①，②，④
伊作助代山	鹿児島県阿多郡伊作郷和田村	銀	1884	大阪同盟会社	①，④
鏡山・下手山	岡山県	銅	1874		④
駒帰山（辰砂），瓜根山，福畑山，柴口山，大登志山，大久保山					①

出典：①『五代友厚伝記資料』第三巻，②『明治工業史』，③五代関係文書 857「所有鉱山明細書」（勧商局あて，1876），④『五代友厚伝記資料』第一巻。

は一八六八年に開発された銅山で、五代は七〇年十一月に両名から荒銅を買い入れて、造幣寮の借金返済に充てた。造幣寮の借金というのは、かつて維新政府がモンブランの斡旋でフランスから購入した軍艦の代金支払いのため、オランダ領事ボードウィンから洋銀を買い入れた際、一部が借金となっていたものである（「天和山出銅分積出し左ニ御座候」『五代友厚伝記資料』第一巻）。一八七〇年に造幣局出納司が返済したが、その返済に充てるため、五代が荒銅購入を斡旋したものであろう。

五代は、この荒銅取引によって天和山が優良鉱山であることを知ったのであろう。荒銅の買い入れに際して、森・神山両名との交渉にあたった中井新八《なかいしんぱち》は、もとは紀伊国屋正三郎出入りの骨董屋であったというが、のちに弘成館職員となって、稼行権譲渡の際には五代の代理を務めた。この経緯から推測すると、天和山の稼行に行き詰まった森・神山両名が中井に両銅山の買収を働きかけ、中井の仲介で五代が稼行権とともに建屋・吹子など設備一切を取得したものと思われる（「譲一札之事」『五代友厚伝記資料』第一巻）。

天和山の鉱脈は豊かで、当初は年間三万円の純益をあげたといわれる。そこで、さらに近辺の鉱山探索に力を入れ、一八七二年には赤倉山を北山郷西野村に、また七五年三月には栃尾山を天川郷栃尾村に、それぞれ開坑した。このほかにも、栃尾山の近くの坪内村や葛上郡朝町村で銅鉱脈の情報を得て盛んに探索していたことが、五代の書簡からわかるが、この両山のほかは開坑に至っていない。

赤倉山と栃尾山は、「弘成館規則」では天和山の管轄下に置かれ、いずれも借区代理人は保田広吉《やすだひろきち》、鉱長は中井新八であった。日本坑法が施行された一八七四年十月には、中井を稼主として天和山と赤倉山の借区願を、改めて県庁に届け出た。

これら三鉱山の産出高は、一八八二年に四万八千円、八三年に三万九千円となっており、国内でも有数の銅山であった。しかし、一八七六年から七九年にかけては、産出額がやや低下した。このため、一時は天和山の鉱脈が絶えて廃山になるとの噂が広まって、鹿籠金山の買収資金について農商務省から不安視されたこともあった。天和鉱山では、そのような報道があったことを認めつつ、「御下問ノ如キ該山鉱脈絶へ、採掘止業廃業届ヲ其筋へ差出シタリ杯トハ悉皆無根ノ妄説ニシテ、坑景ハ表記ノ如ク、而シテ依然就業仕居候也」と、弁明に努めている（大阪商工会議所所蔵五代関係文書「明治十六年十二月付農商務省商務局宛報告」執筆したのは片岡春郷）。

天和山の出鉱が不安定であったのは、旧来の請負掘りを踏襲していたことに原因があったと思われる。「弘成館天和山出張坑鋪課規則」第二条には、「本新ノ両鋪共ニ請負掘ナルガユへニ、坑夫等私欲ニ走リ只出鉱ヲ増スノミヲ注意シ、発掘ノ方法ヲ犯スノ憂アリ。依之坑鋪課長毎日鋪中ヲ巡検教戒シテ永世普及ノ注目ヲ失ス可カラザルヲ厳命スベシ」とある（「天和山出張規則」『五代友厚伝記資料』第三巻）。このように、坑鋪課を設けて採掘を厳重に監督していたとはいえ、現場が坑夫任せである以上、「永世普及ノ注目ヲ失ス可カラザル」ようにするのは、困難を伴ったであろう。その後、新しい坑鋪の開発でもあったのか、一八八二年に出銅は持ち直し、翌年には「本鋪俄然盛景ヲ現出セシヲ以テ十月以降ハ壱ヶ月ノ出銅二万斤ニ下ラス」という活況を呈していると、農商務省に報告している。

天和山は、五代が最初に着手した鉱山であるだけでなく、最も重要な資金源となっており、半田山

各鉱山損益

（単位：円）

	1876／7～9	1877／1～5	1877／7～12	1878／1	1879／1～6	1879／7～8	1880／下	1881／上
天和山	719	23,200	25,574	9,786	6,641	626	8,125	-235
和気山	6,694	5,619	520	-50	309	-1,113	—	—
蓬谷山	769	-2,091	-2,522	-54	-841	-155	-2,909	-2,974
半田山	-8,591	-4,964	-8,958	-1,784	-6,025	-254	-2,244	-12,136
その他	—	-4,525	-7,081	863	-2,876	-4,931	-36,090	-23,501
内部費用	-434	-1,526	-2,085	-109	-2,089	-777	-4,000	-3,500
計	-843	15,712	5,455	8,652	-4,881	-6,604	-15,723	-17,962

注：1879年までの合計欄は計算値とした。1880，81年については最終差引の「内訳元」を利益とみなした。

出典：『日本経営史講座２　工業化と企業者活動』73頁，大阪商工会議所所蔵『五代友厚関係資料』，および長沢「弘成館決算表について」。

で廃鉱が発見され、廃坑砂の再精錬によって銀を産出しはじめる一八八〇年までの間、天和山が弘成館を支えていたのである。

蓬谷鉛山

蓬谷鉛山は、かつては政所鉱山として知られた銀鉛鉱山であり、滋賀県愛知郡政所村にあった。開坑は慶長年間といわれるが、幕末には銀鉱脈が枯渇して休山となっていた。一八七二（明治五）年四月に、摂津の葛城《かつらぎ》屋《や》安蔵《やすぞう》が同山を再開し、再開間もない同年十一月に五代が入手して、弘成館員の杉村次郎が五代の代理として場区願人になった。

蓬谷山は、五代が入手したときに、すでに鉛鉱山だったようである。そのためか事業成績は振るわず、一八七七～七九年ころは赤字続きであった。それでも、合理化のための投資は怠らず、一八七七年ころには自動斜面運搬式のケーブルカーが取り付けられた。これは鉱石の坑外運搬装置としては先駆的な技術であって、蓬谷鉱山に取り付けられた後、各地鉱山に普及していったという

（『明治工業史　鉱業篇』）。

また近隣の鉱山の探索も続けられ、愛知郡茨木茶屋村の鉛鉱や三重県三重郡水沢村の水銀鉱などで試掘を重ねた。なかでも水沢鉱山は、良質の水銀鉱山らしいと期待されていた。鉛や水銀は、工業化が進むと必要となる金属であり、五代はヨーロッパ視察の知識から、鉱物資源としての将来性を期待していたのではないだろうか。

半田銀山

福島県伊達郡の半田銀山は、江戸時代から開発された優良鉱山であり、島根県の石見銀山、兵庫県の生野銀山と並んで、日本三大銀山に数えられていた。しかし、幕末に至って鉱脈が深くなったため、湧水などによってしばしば廃山となって、稼行人が交替していた。五代が、同山を入手した一八七四（明治七）年には、四年間も廃山となっていたために以前の坑道は埋没し、坑口も見つかりにくいほど荒れていた。そこで改めて坑道を掘削し、翌七五年二月に第一坑、十月に第二坑を掘削して鉱脈に到達した。伝統的請負掘を残していた天和山とは違って、半田山には最初から近代的な鉱山技術を取り入れ、採鉱から製錬、鉱石運搬など全面的に近代技術を採用した。この点では、むしろ生野銀山にも先行していた。

採鉱については、明治初年までは買石制度であったことが「半田銀山坑業沿革志」（『五代友厚伝記資料』第三巻）に記述されているが、五代の経営になってからの記述はない。しかし、排水のために「日本風ノ箱郷筒ヲ二十四段ニ装置シ一昼夜ニ懲役一二〇人を使役せり」といった記述や、付表の「構内使役人夫工数、同賃金」という記載などから推測すると、当初から近代的な雇い人夫によって採掘していたと考えられる。また、一八八二年に定められた「半田山定夫規則」でも、鉱山人夫は日雇い労働者との規定になっている（拙旧稿では、買石だったかのように記述したが、ここに訂正しておきたい）。

一八七六年六月には、生野鉱山の技師であったフランソワ・コワニーに鉱脈の検査を依頼し、掘削中であった第三坑が有望であるとの報告を受けた。そこで第三坑の開通を急ぎ、一八七八年十二月に鉱脈に達した。「半田銀山坑業沿革志」には「坑道鉄軌ヲ敷設シテ運搬ニ便ナラシメ、且第二坑ト連絡ヲ通ジテ風烟ノ流通ヲ自由ナラシメ」とあり、生野にならった洋式の坑道開削の様子を知ることができる。つづいて、江戸時代に優良鉱脈といわれていた「再光鋪」を掘削し始めたが、初めから新坑道を掘るのに匹敵する困難があって、ようやく鉱脈に達したのは一八八三年九月であった。しかしこの鉱脈は、幅が一メートル前後、長さ六〇メートル以上、含銀率〇・二パーセント以上という優良鉱脈であったから、その後の半田山の経営に隆盛をもたらした。

精錬については、開業の際に選鉱所、搗鉱所、焼鉱所、混淆所、製銀所を各一棟、また工作所や倉庫などを新築した。以前の半田鉱山が、伝統技術である灰吹き法を採用していたのに対して、生野鉱山にならって洋式樽混淆法を導入したための設備投資であった。これらの設備を整備するため、一八八五年末時点で操業費を含めて二二万円を投資したにもかかわらず、得た銀価は四万三千円に過ぎなかったという。このように創業当初は、まったく採算が合わなかった。しかし鉱山経営としては、銅山よりも金銀山のほうが価値があると一般的に考えられており、また五代自身もそう考えていたようで、半田山の経営には、惜しむことなく資金をつぎ込んだ。そしてその成果は、早くも翌年から現れた。

一八八〇年には、廃坑砂の再精錬によって精錬量が顕著に増加したのである。同年まで三〇〜七〇貫（約一一二・五〜二六二・五キログラム）であった製銀高は、八一年に五〇〇貫を超えた。このため、一八八二年に精錬設備を大幅に増築して、精錬能力を拡張した。当初、混淆樽は生野にならって鉄球を用いていたが、この設備拡張に際しては技師徳田藤次郎《とくだとうじろう》の工夫によって鉄ボードに換えた。その結果、銀収率が上がったばかりか樽の耐久性はほとんど八倍になったという。

混淆樽の改良については、一八八一年年八月初めから九月半ばまで、九里龍作が半田鉱山の視察を行い、生産性を上げるための種々の提言をしている。そのなかで、「混淆樽ハ木製ニシテ鉄輪ヲ以テ之ヲ回ス。漸ク一ヶ月ノ要ヲ為スノミニシテ破壊ス。樽内ニ鉄丸ヲ入ル故ニ内部ニ玉路ヲ生ジテ破壊セシ」との指摘があり、その二週間近くあとに混淆樽の改良方法を検討して、「松田君、試ミニ作ラント発言」したと記されている（「半田銀山坑業沿革志」）。このときの改良案が鉄ボードの採用であったかどうかは明らかでないが、徳田による改良の前段であったことは間違いない。なお徳田は、その後、鹿籠金山で混淆樽の改良を指導し、一八八六年から再び半田銀山で製鉱課課長を務めた。

半田銀山の銀収量は、一八八二年には一千貫と前年比で倍増し、八四年には一九〇〇貫とさらに倍増した。しかし同年から二、三の主要鉱脈が衰退して休坑状態となり、翌一八八五年にも出水のため一時休坑せざるを得なくなる鉱脈がでた。このため、八五年と八六年には製銀量が減少したが、八七年末には再び回復に向かった。弘成館による開鉱以来一三年余の成績を通算すると、半田山は五〇万

半田銀山業績

年	製銀量（貫）	産出銀価（円）	経　費	損　益
1874	83.182	854.052	5,288.396	-4,434.344
1875		4,016.085	10,836.969	-6,820.882
1876		10,599.414	14,936.382	-4,336.968
1877	30.912	5,564.239	12,323.777	-6,759.538
1878	39.230	7,036.293	12,159.638	-5,123.345
1879	67.970	15,361.220	16,988.265	-1,627.045
1880	143.820	37,968.480	32,368.987	5,599.493
1881	504.030	145,125.358	96,838.233	48,287.125
1882	1,050.880	270,181.248	165,599.182	104,582.066
1883	1,308.456	275,111.000	174,666.909	100,444.091
1884	1,877.378	331,417.668	156,059.932	175,357.736
1885	854.833	150,938.233	103,517.914	47,420.319
1886	354.849	62,507.091	40,097.121	22,409.970
1887	214.174	37,927.214	22,950.446	14,976.768
合計	6,529.714	1,354,607.595	864,632.151	489,975.446

注：1887年は６月まで。
出典：『五代友厚伝記資料』第三巻，117-119頁。

円近い純益を上げており、年々の収益も天和山を一ケタ上回った。五代の鉱山経営は、半田山の取得によって大きな成果を上げたことがわかる。

一八七六年六月に、半田山に明治天皇の行幸があった。当時の半田山は、民間の鉱山としては傑出した近代的な設備を整えており、天皇の行幸によってそのことが地元にも、他の鉱業者にも改めて認識されることになった。もちろん、内務卿であった大久保利通の斡旋があって実現したにちがいない。当時の半田山は、採算にはまだ問題があったが、鉱業を続けるうえで五代にとって大きな励みになったのである。

天皇の行幸に先立って、洗鉱濁水

の沈殿池をめぐって地元農民との間で紛糾があった。半田鉱山では、洗鉱濁水の沈殿池を六カ所作っているが、地元農民の圧力によって農繁期の四〜九月に洗鉱を中止せざるを得なかったのである。鉱長の吉田市十郎は、大久保内務卿の巡検に際して、この苦境を大久保に訴えた。その後、沈殿させた坑水は無害であるという、鉱山寮技師長ゴッドフレーによる分析結果の通知を受け取った。この検査結果に基づいて、地元各村との間で「締約」を結び、田地用水との利用区分、分水路修繕の経費分担、溜池の浚渫や新築、洪水などによる村方損害の補償など、一〇カ条にわたる細目を定めた。さらにこの年、山で使用する薪炭や支柱用材のために政府から借り受けた山林六カ村一一カ所について、山林維持のための利用細目を定めた「半田鉱山用林取扱条例」も締結している（『五代友厚伝記資料』第三巻）。こうして、地元との紛糾は、ようやく解決をみた。天皇の行幸といい、鉱山寮からの証明書といい、五代と大久保の親しい関係が、鉱山経営に有利な条件をつくっていたことは間違いない。

羽島金山　五代友厚の金銀鉱山への熱意は、造幣寮への地金納入に由来しており、鉱山業に参入した動機でもあった。半田銀山を入手した一八七四（明治七）年には、鹿児島の羽島金山・芹ケ野《せりがの》金山などを入手しようと、桂久武と図っている。五代は、鹿籠・羽島・山ケ野《やまがの》などの鉱業近代化にアドバイスをしていたが、なかでも羽島については、自分が資金を用立てることを申し出ていた。その際に、羽島で近代的な鉱山開発を行って「三州人民の眼を驚候様の鴻業取開申度内存ニ御座候間」と決意のほどを述べている。

『明治工業史　鉱業篇』によると、羽島金山は一八七四年に五代の所有となり、七五年にはのちに鹿児島電気を創業した鉱山経営者祁答院重義《けどういんしげよし》の名義となって、さらに八三年には、大阪同盟会社へと名義が変更されている。大阪同盟会社は、五代のほか杉村正太郎《すぎむらしょうたろう》、中野梧一《なかのごいち》の三名が鹿籠金山入手のために設立した会社であった。この間、一八七六年には羽島が一時休業に追い込まれたため、桂久武は、芹ケ野金山を入手する以外に手段はないと、五代に伝えている。しかし、翌年に羽島で金鉱脈を掘り当てて、廃山を免れた。祁答院が経営にあたり、鉱石を鹿籠金山に運んで製錬するまでに回復した。

羽島と同時期に入手しようと工作していたのが、桂久武の書簡にある芹ケ野金山であった。同山は、鹿籠金山、山ケ野金山と並んで、幕末から薩摩藩の手で稼行されており、その当時は鹿児島の三大金山といわれた優良鉱山であった。五代が調査を開始したころにも、優良鉱山の名残はあった。五代の名代として鹿児島で鉱山の調査にあたっていた祁答院重義は「芹ケ野金山検査為致候処、当分の稼方ニては十分の総計相立候」と、十分な採算が見込めることを報告し、「芹ケ野金山検査書」を同封している。しかし、桂の見立てでは、芹ケ野金山だけでは「盛山ニは六ケ敷」、羽島と両山を経営すれば採算性はよくなると提案した。これらの報告を受けた五代は、芹ケ野金山より谷山錫山のほうに期待をかけたようで、桂は錫山を入手すべく「必至尽力の心得」であるとして、状況の報告をしている。

一八七六年には山ケ野金山にも着手した。同金山については、桂久武が二年前から探鉱に腐心し、ようやく金鉱脈を掘りあてたものである。しかし同山も、錫鉱山としてのほうが有望とみられて、実際に九月に山ケ野で錫の良坑を発見した。

鹿籠金山

鹿籠金山は、波江野休右衛門から永見伝三郎にあてた遺書によって、五代に後事が託された金山であった。一八七七（明治十）年七月のことである。しかしその後も、鉱山は波江野の弟、精吉が経営していたようである。一八八三年一月に行われた生野鉱山分析所の野辺《のべ》七郎《しちろう》による調査では、金山村の五坑を採掘し、三〇〇人以上を雇用、鉄路を敷き、鉱石運搬車を牛に牽引させるなど、近代的経営が展開されていた（「鹿籠金山実見報告書」）。同年十二月に中野梧一が現地を視察し、波江野精吉との交渉が成立した。その結果、五代、杉村、中野が結成した大阪同盟会社が、代金一二万円、七カ年賦で借区権と機械、建屋その他一切を譲り受けることとなり、一八八三年十月に開業の運びとなった。なお、中野は一八八三年九月に自殺したため、鉱山の現地責任者は急きょ半田山技師の徳田藤次郎に任された。

当時、鹿籠金山では、往年の良坑であった鹿籠村の鉱脈が出水で採掘困難となっていた。しかし、農商務省への報告では「当山ハ創業日尚浅キヲ以テ機械其他建設共未ダ充分ニ整備セズ、且其製錬方法ニ於ルモ逐次改良ヲ加フル所アリ。故ニ方今ノ産額ハ前記ノ如シト雖モ、追テ百般具備ノ後ハ盛大ノ好結果ヲ見ルニ至ル可キ」と楽観している。ところが、造幣寮のイギリス人化学兼冶金技師ガウランド（William Gowland）に調査を依頼した結果は、五代の期待とは異なって貧鉱と判定された。結果的には、ガウランドの評価と相違して、開業後の一八八三年下期に鉱石一三五万キログラムを産出し、代価として一万六千円を得ることができた。

一方、羽島金山は鉱石の産出は順調であった。一八八三年には、一カ月で一五万キログラム、製錬した金銀代価が一万四千円と報告されており、同時期の半田山の半分程度に達した。しかし、羽島鉱山を監督していた祁答院重之が、鹿籠山の整備改善に忙殺されているあいだに、羽島鉱山を抵当とした借入金の期限がきて経営が苦しくなり、五代に資金援助を申し出る事態となった。谷山錫山、山ケ野金山も、このころには衰微しつつあり、明るい見通しがあったのは近くの伊作銀山のみであった。

こうしたなかで一八八二年、鹿籠山の合理化が進められた。職夫の日当が減給となり、これに応じて職員も一割程度の月俸奉還を申し出ている。五代は「鹿籠金山坑夫其他人夫中ヱ」との布令を出して、前年には撤退も検討したことを明らかにしたうえで、今鹿籠金山から撤退したならば、再び鹿籠金山を稼行しようとする人はいなくなる、したがって「同心協力勉励」して、鉱業の実効をあげるようにしてほしいと、坑夫らに訴えた（『五代友厚伝記資料』第三巻）。まさに緊急事態であったが、結局は五代の存命中に鹿籠金山の経営を軌道に乗せることはできなかった。

3　弘成館の業績

弘成館の経営は、当初、天和山の収益で順調に滑りだしたものの、その後は一八七九（明治十二）年ころまで変動が大きく、順調な経営とは言い難かった。半田銀山が好調な産銀をあげるようになって、初めて収益が安定したのである。なお、長沢康昭「弘成館決算表について」では、五代の鉱山経営は天和山の利益によって賄われたとしているが、各山の収支は一八八一年までの資料しか残されていない（本書一〇〇頁表）。したがって、その範囲内での評価である。その後、半田山が収益をあげるようになると、五代はその利益をもって羽島・鹿籠など金山開発に、さかんに投資したのである。

既述のように、五代は一八八三年から鹿児島の金銀山を積極的に開拓し、設備投資にも惜しまず資金をつぎ込んだ（五代龍作『五代友厚伝』）。このころには弘成館を新築し、館中役員（正社員）二〇〇名、坑夫など現場労働者は一万人を数えたと伝えられている。半田山の利益で、五代の手元資金は潤沢だったのである。しかし、幕末までの優良鉱山が必ずしも高い収益性を保てるわけではなく、弘成館の経営する鉱山のなかでも、鹿籠金山は失敗に終わったし、羽島金山も新しい鉱脈を掘りあてるまでは、廃坑の危機にさらされていた。五代の鉱山経営も、すべてが順調に展開されたわけではないのである。

明治初年の鉱山経営を、定量的に比較することはできない。しかし近代技術の導入という点からみると、佐渡、生野、院内、小坂、大葛などの官営鉱山は、外国人技師を採用して、近代的鉱山経営の模範として大きな成果をあげていた。また民間では、五代の半田山と三井の神岡鉱山が、近代化において傑出していた。半田山は、五代の没後に養嗣子の五代龍作が引き継いだが、一九〇二年の産銀額は六三〇キログラムと、民間鉱山としては全国でも十指に入る規模を維持していた（『明治工業史　鉱業編』）。

半田銀山の成功は、なによりも近代的製錬技術を用いて、廃坑砂の精錬によって高い収益を上げたことによる。製錬所、鉄道などの初期投資が大きかったため、もしも廃坑鉱石の再精錬による利益がなかったとしたら、経営は苦難の道をたどることになったものと思われる。鹿籠金山の事例が、そうであった。鉱山経営は、その意味ではまさに「山師」であるが、半田山の成功は、民間鉱山でも近代的設備の導入が有利であることを示す模範例となった。さらに、弘成館という事業の管理組織を作り、近代的な諸規則を制定して多くの鉱山の管理にあたったことも、その後の新規鉱山の開拓にとって戦力となった。小野組倒産のあとの半田山の経営や、中野梧一自殺後の羽島・鹿籠金山の開発などに、その組織力が発揮された例をみることができる。

このように、近代的な設備・技術の導入に加えて、近代的な組織と規則、さらに会計制度の改善などを行ったところに、五代の経営における特徴があった。そしてその成功は、日本の鉱山経営の近代化に大きな影響を与えた。古河市兵衛《ふるかわいちべえ》や藤田伝三郎《ふじたでんざぶろう》らは、鉱山経営にあたって弘成館の経営組織を学んだという。その意味では、大阪紡績の成功が日本の紡績業の近代化に大きな影響を与えたことに匹敵する、日本の近代的鉱山経営のパイオニアであった。

住友の広瀬宰平《ひろせさいへい》は、ほぼ同時期に別子銅山の近代化に取り組んだ。広瀬は、生野鉱山での経験があるフランス人鉱山学者L・ラロック（Louis Claude Bruno Larroque）に、近代技術を駆使した開発計画の作成を依頼した（『住友別子鉱山史』上巻）。五代が半田山の開発にあたってコワニーに助言を仰いだのと同様に、官営生野鉱山の技術を民間に移植する試みであった。その実行にあたっては、半田山の民間事業としての成功が、別子銅山の近代化の採算性に、大きな成算を確信させたものと思われる。

第六章　製藍業の近代化と失敗

1　製藍業と朝陽館

藍精製業への挑戦

製藍業は、鉱山業に次いで五代友厚が情熱を注いだ事業であった。明治前半期の日本では、江戸時代以来の藍染めに使う藍玉が染料の中軸をなしており、徳島県が藍玉の最大の産地であった。ところが、一八六九（明治二）年の株仲間解散によって、阿波藍の生産は粗製濫造に陥り、そこへ良質・安価で染色の容易なインド藍（インジゴ）が輸入されたため、国産藍は大打撃を受けた。こうしたなかで、五代はインド藍が膨大な世界市場を制覇していることに着眼し、みずから藍の精製事業に乗り出すことを決意したのである。

五代は、政府への嘆願書で次のように述べている。「御国産ノ藍ノ儀ハ茶生糸ニ較《ママ》的スベキ鴻産ニシテ、従来御国内ニ費ス処年々七、八百万円ニ降ラズ」としたうえで、インドなどから欧米各国への藍の輸出額は年々数千万円に上り、ロンドンでは毎年七千ポンド、日本円に換算して三億三五〇〇万円余が売買されていると、その国際的な市場規模の大きさを指摘している。このため、「輸出ニ供フベキ物産ヲ開クニハ藍青ノ製法ニ帰スベキヲ識リ」、一八七三年夏から「巨万ノ費財ヲ不顧研究ヲ積」んで、ようやく一八七五年に、製造した藍を「欧米各国ニ見本ヲ出シ、試験定価相求候処（中略）充分計算相立、輸出ノ目途確乎ト相据リ候」（「各種藍製之製法発明仕候ニ付資本御助力嘆願書」東京府権知事楠木正隆あて、『五代友厚伝記資料』第三巻）。

一般的には、五代が外遊中に、インド藍が世界市場の重要商品であることを知ったとか、あるいはインド藍製造法を知った、などの記述が散見されている（交詢社刊『現代日本産業発達史Ⅷ化学工業 上』、宮本又次『五代友厚伝』など）。しかし、この「嘆願書」にはロンドン市場での取引量は「新聞上ニ掲載有之」と記しており、五代の滞欧日記をみても、滞欧中にインド藍製法を知ったという記述はない。

五代は、日本の国産品として重要な地位を占めていた藍に、国際的に大きな需要が見込まれること、日本の藍も製法を工夫すれば輸出できること、この目的のため製法の研究を積み、欧米に輸出する見込みを立てたと述べている。このような五代の試みは、藍精製業の本場である阿波でも高く評価された（西野嘉右衛門『阿波藍沿革史』）。阿波の製藍業者は、一八七三年に大阪に阿洲藍受込所を設立し、藍汁を大桶に詰めて大阪に回漕して藍汁の売り込みを図ったが、藍錠（インジゴ）の市場についてはまったく無知であったと、同書は指摘している。「此の故を以て五代の製藍と言へば（中略）其の成果を知らんとし、且つ本邦工業熱の勃興せんとする際なりしため、衆目は期せずして阿波藍の製造に注がる、こととなった」と、国内の藍製造業者が五代の事業の成果に着目したことを述べているのである。

朝陽館の設立

一八七四（明治七）年、五代は徳島市外の田宮村に生葉の仮製造所を建設して、工業化試験に取り組むなど、製藍業の準備を着々と進めていった。そして一八七六年四月、東京府権知事楠木正隆《くすのきまさたか》あてに「特許願」と「資本御助力嘆願書」を提出した。特許は許されなかったが、藍製資本金として五〇万円を一年間、無利息で貸し下げることが決まった。ちなみに、五代への政府準備金貸付額は、個人向け運用先としてはトップであり、朝陽館《ちょうようかん》の五〇万円を含めて六九万円に上っていた。会社向けでは三菱会社の二五〇万円が最高であったが、五代の関係した広業商会が、無利子で借り入れた資本金四〇万円を含めて合計六七万円を借り入れており、第二位にあった（石井寛治『明治維新史』）。その上、朝陽館も広業商会も、後述のようにしばしば返済猶予願を提出して、ほとんど返済しないまま事業を終えているのである。この点では、大久保との関係を利用した「政商」的行動にほかならなかった。

朝陽館が製造した藍は勧商局に送り、勧商局が業者に販売を取り扱わせて、売上高から製造資金貸下高や輸送費などの諸経費を差し引き、残余を下付することになった。五代は、この貸下金の抵当として、天和山、栃尾山、和気山、蓬谷山、半田山の所有五鉱山を差し入れた。当時、五代が所有していた鉱山のうち、優良鉱山のほとんどすべてである。それだけ製藍業には力を入れていたのである。

一八七六年九月、五代は製藍業経営のため大阪府北区堂島（現 堂島三丁目）に朝陽館を設立した。

朝陽館は、大阪堂島と東京三田綱町に煙突を屹立させた藍の精製工場を建設し、徳島市郊外や東京近在などに仮製造場を設置して、阿波をはじめ摂津、河内、和泉、山城、大和、播磨、備前の各地から東京近在や熊谷県下まで、手広く藍の生葉や乾葉を仕入れた。勧商局に報告した事業計画の概算をみると、藍葉の仕入れだけで四二万円となっており、東京製藍所の建設費五千円、大阪製藍所の建設費三万円に比較して、原料費が著しく巨額になっている。一方、精製藍の販売代価は七三万五千円と見積もられ、七万八千円余の利益を見込んでいた（「藍製造概算取調書」『五代友厚伝記資料』第三巻）。

しかし翌年の返済期に至って、早くも五代の目論見は外れた。それからは、たびたび嘆願書を提出して借金返済の猶予を願い出ているが、これらの願書によって事業の経緯をみると、次のようである。東京製造所については輸送の便が悪いこと、気候の不順によって藍葉の品質に問題があることなどから廃止し、一八七八年ころには大阪製造所一カ所にまとめた。また販売上の問題として、伝統的な〝すくも〟とは違う新しい商品であるために需要がなく、各地に教授出張所を設けて染業伝習を行った。こうして三年目の一八八一年になって、ようやく藍錠の商品価値が認識されるようになった。同年の嘆願書では、「販売ノ道モ年月に改進シテ方今ニ至リ愈拡張ノ勢ヒアリ」と、楽観的な見通しが述べられている（「製藍資本金御恩借ノ儀ニ付御願」『五代友厚伝記資料』第三巻）。さらに販売組織にも問題があったようで、取次店からは商品供給量の増加や、染業家への直販廃止などの要求が出されていた。

中国への輸出については、一八七六年十一月から寧波、天津、北京などに染業所や支店を設置し、染業の指導や業者の大阪への招待など、市場開拓に努めた。しかし、清国政府による二重課税のために末端価格は高価にならざるを得ず、当初は期待した成果は得られなかった。中国での販売が軌道に乗ってきたのは、一八七八年夏以降であった。同年十一月には、月々の販売額が二万円を超えたと、『郵便報知』で報道されている。

フランスやイギリスにも、藍錠の輸出を試みており、当初からの目的であった輸出へと、一歩踏み出した。五代は、輸出増進に向けて積極的に市場開拓の道を探った。しかし、インド藍との競争に勝って市場を開拓するのは、極めて難しかった。パリにいた松方正義が、朝陽館の藍の輸出促進を依頼されたようだが、松方は、一八七五年五月の五代あて書簡で「貴公藍一条、当地の事も中々六ケ敷、急々埒明事は実に難事（中略）何分目的ニは不相成趣、取覚中候」と、悲観的な見通しを書いている。

また、イギリス・マンチェスターの高松豊吉《たかまつとよきち》から商務局長河瀬秀治《かわせひでじ》あて一八八一年一月付の書簡によれば、河瀬が高松に市場調査を依頼した藍見本について「日本藍ハ其質善良ナル由ナレド、当今数量至テ乏シク（中略）若シ該品ヲ以テ充分ニ染上ゲ、追々人民ノ望ニ相叶ヒ候上ハ、僅カ高価ナリトモ売捌ケ可申トノ事ニ御座候」と、結果を報告している。イギリスのほうがフランスよりやや有望であったが、まず試験のため充分な量を送るよう言っているので、販売に時間がかかることではフランスと相違がなかった。

朝陽館の組織と製造技術

朝陽館の経営組織は、弘成館とほとんど同様であり、館中役員は一五〇名といわれて、弘成館の四分の三の規模であった。しかし、両館の間には人員の重複も多く、必ずしも管理部門に合計三五〇名を擁していたわけではない。一方で、朝陽館の大阪製藍所の職工は八千人といわれている。また一八七七（明治十）年二月、明治天皇行幸時の記事によって朝陽館の工場の概要を見ると、蒸気機関所、撰藍所、溶製所（藍葉を醸して水に溶解させ、汚物を去る）、機関所（醸葉を搗いてポンプで藍液を各課に送る）、除水所（中製の藍を先に入れ水分を漉す）、試験所（藍の試験分析をし品位・価格を定める）、染業試験所（染方の研究）などがあった（五代龍作『五代友厚伝』）。

朝陽館の広告によって、藍錠の製造法を知ることができる。当初は、硫酸鉄建てを採用していたようだが、日本の伝統的な色の好みと合わないために悪評が立った。そこで「此度本館染業課ニ於テ旧藍同様ノ灰汁建ノ法ヲ研究シ、且其染方ヲ試験セシニ、其便利実ニ旧藍ノ比ニアラズ」と、灰汁建てを研究して製法を転換し、旧来の藍より使い方の簡便な藍を開発した（「朝陽館精製藍売捌出張兼染業伝習所広告」一八七七年十一月、『五代友厚伝記資料』第三巻）。その際に、紙幣寮のトーマス・オーティセルに朝陽館の藍の鑑定を求めたところ、ベンガル藍とジャワ藍の中位以上の品質と評価された。しかし、他の日本産藍に比べると、カビや細菌を含まず、色調が一定し、細かい粉末状で使いやすいなど、工程管理面で高く評価された。

さらに朝陽館の広告では、従来の染業法に比べて、染色工程が二〇日から一週間に短縮できること、染工も二〇人から七〜八人に省力化できること、短時間で溶解するため、注文に合わせて藍料を購入することができ、染料の無駄も少ないことなど、多くの経済的なメリットを強調している。

2　経営難から破綻へ

朝陽館の経営難

朝陽館は前述のように、一八七六〔明治九〕年九月に大蔵省国債局から藍製資本金として五〇万円、一年間の無利息の貸し下げを受けることによってスタートした。しかし設立の翌年には、早くも製造所の完成が遅れたために試験的な生産しかできないとして、五年間での成業を誓約して、下付金の返納を一八七八年十一月まで延期することを、大蔵省に願い出た。この願いは、内務卿大久保利通と大蔵卿大隈重信の口添えによって認められたが、返納期限前の一八七七年八月に大阪製藍所で出火して巨額の藍原料を焼失したため、七八年十二月に返納期限の一年延期を認めてもらった。さらに一八八一年七月にも延期願をし、翌年十二月から年五万円、一〇カ年賦、利子三パーセントでの返納を認められた。しかし、その後も、返済にあてるべき半田山の利益が思わしくなかったため返納は滞り、一八八三年七月に二〇年間＝二四〇カ月の月賦返納を大蔵省国債局に願い出て認められた（五代代理岩瀬公圃から国債局長石渡貞大あて「御恩借製藍資本金月賦返納ニ願替ノ儀ニ付嘆願書」『五代友厚伝記資料』第三巻）。

朝陽館の景況は、一八八〇年夏ころから辛うじて費用を償うほどになった。といっても、五代の「御手許」から、一八八一年下期に六万四千円余、一八八四年上期に三万二千円余が、朝陽館のために支出されている。弘成館の利益をつぎ込んで経営を維持し、製品の改良や工場の統合縮小に努めて

人造藍の輸入増加

輸入人造藍			国産天然藍		
数量（斤）	金額（円）	数量（トン）	数量（貫）	金額（円）	数量（トン）
221,445	682,352	100	5,670,955	4,343,919	21,266
2,319,261	5,123,741	1,043	2,778,038	2,055,791	10,420
897,688	1,879,739	404	1,435,673	1,222,770	5,384

いたのである。勧商局からの借入金を一〇パーセントほど返済した一八八五年九月、五代の死によって残余が未済となり、負の遺産として遺族に残された。

　朝陽館と同じころ、各地で藍の工業生産に取り組む者が現れた。一、二を例示すると、徳島でインド製藍法を取り入れた蒼明社《そうめいしゃ》が一八七六年に設立され、農商務省の勧奨に従って試作品を、官営毛織物工場である千住製《せんじゅせい》絨所《じゅうしょ》に送って高い評価を得たが、採算は取れなかったという（地方史研究協議会編『日本産業史大系　中国四国地方篇』）。また一八八八年には、小笠原島で栽培した琉球藍を原料とする精藍会社が、渋沢栄一らによって設立された。しかし、国産の天然藍生産はいずれも軌道にのらず、日露戦争前後には急速に生産量を減らした。その一方で、ドイツの人造藍

天然藍と

年	輸入天然藍		
	数量（斤）	金額（円）	数量（トン）
1868	6,670	1,743	
1872	57,268	28,724	
1877	32,628	7,094	
1882	9,710	12,633	
1887	83,439	56,654	
1892	483,458	386,193	
1897	1,196,134	1,538,022	
1902	1,196,441	2,415,629	538
1907	346,285	752,964	156
1912	45,225	81,473	20

注：1斤＝450g，1貫＝3.75kg
出典：『明治工業史　化学工業篇』181-186頁。

が急成長して、世界市場を制覇したのである。

事業破綻の原因

日露戦争前後の時期には、綿糸紡績業や織布業において機械製大量生産が普及し、これに対応して染色業も伝統技術から脱皮して、機械による大量生産に移行していった。こうした大工場では、高濃度で操作性に優れた染料が求められた。しかし朝陽館の精製藍は、伝統的織物業にとらわれて、急速に変化しつつあった時代のニーズに対応できず、そのうえ国産藍が国際市場で競争力を持てないことにも気づいていなかった。

朝陽館の藍錠は、蓼藍を原料としているために、インジゴ含有率が三一パーセントであって、阿波藍の優良品よりかなり高かった。しかし、インド藍の含有率六〇パーセントにはまったく及ばず、さらに人造藍は若干の不純物を含むものの、インジゴそのものである。朝陽館の藍錠は、国産の蓼藍を原料としたことで、すでに国際的な競争力を失っていたのである。

さらに朝陽館は、国内の伝統的織物市場のニーズに合わせ、灰汁建てを取り入れることによって販路を開拓しようとしたが、国内市場ではまったく新製品であって、普及に多大な努力を必要とした。

このような過渡期の条件が、採算性を下げる主要な原因になっていた。

朝陽館が失敗した原因は、このような根本的な経営環境の認識不足にあった。そのうえ、事業に着手した当初から正確な需要予測を行わず、過大な期待をもって大事業を企画していた。大量生産のためには、大量の原料を確保する必要があるが、生葉には季節性があるため、日本各地での調達を余儀なくされた。その結果、生葉を処理する仮製造所を徳島や近江、東京近在など各地に設ける必要が生じ、精製工場を大阪と東京の二カ所に設けた。このため、設備投資が膨大となったのである。

販売も、まったく計画的ではなかった。朝陽館は、強力な販売力をもつ藍問屋の販売網を無視し、国内の伝統的染色業に対して独自の販売網を築こうとしていた。藍錠は〝すくも〟や藍玉とは違って、近代的な商品であるという意識が先行したのであろう。このため、委託販売の取次所を各地に設け、販売促進のために染業伝習所を各地の取次所に付設した。また、中国やヨーロッパでも市場開拓は試行錯誤を繰り返し、販売代価の回収にも苦労した。一八八〇年九月までに、中国向けに藍錠一二〇万円余を売り込み、このうち一〇〇万円の代金支払が滞っていることが、『東京日日新聞』で報道されている。このように、当初の生産計画の壮大さが、設備投資や販売経費を雪だるま式に過大にし、破綻に至ったのである。

第七章　その他事業への出資

1　大阪製銅会社

五代友厚は、弘成館、朝陽館と大規模な近代鉱工業に相次いで挑戦したが、そのうち弘成館の鉱山経営は、天和山、半田山という優良鉱山を開発することで成功を収めた。銅の需要は、近代工業の創生期に伸びるといわれており、五代は天和山、和気山、栃尾山など多くの銅鉱山を開発していった。したがって、銅の精錬からさらに下流の加工業に進出していったのは、順当な選択肢だったといえる。しかも、大阪は江戸時代以来銅の精錬業が集約された地であって、伝統的技術の分野では圧延・加工の技術も蓄積されていた。

製銅業への進出

五代が、製銅会社の企画に着手したのは、一八七九（明治十二）年である。近代化が進展するにしたがって、銅板・真鍮板・銅線などの需要が増え、とくに西洋型帆船や汽船の製造に伴って、その需要は急増した。こうした状況を、五代は「銅板製造器械御払下之儀願書」（『五代友厚伝記資料』第三巻）において、次のように把握している。「抑銅ハ我国産ノ屈指名品ニシテ年々数百万斤ヲ海外ニ輸出スルモ、又其銅板類ヲ彼ヨリ輸入スルハ畢竟国民ノ工業ニ暗ク理財上ニ迂遠ナリト言ザルヲ得ズ」と。

こうした理由から、国産の銅地金から銅板を製造することによって、輸入防遏と代替工業化を成し遂げようとしたのである。五代のほかに杉村正太郎《すぎむらしょうたろう》、山口吉郎兵衛《やまぐちきちろべえ》、住友吉左衛門《すみともきちざえもん》、三井元之助《みついもとのすけ》、鴻池善右衛門、中野梧一の六名が「御払下之儀願書」に名前を連ねていた。住友、三井、鴻池は、いうまでもなく江戸時代からの両替商であり、山口も大阪の両替商布屋の後裔で、第百四十八銀行（のち山口銀行、三和銀行、UFJ銀行を経て、現 三菱UFJ銀行）の頭取であった。杉村は大阪の素封家で、五代の片腕として鉱山経営や倉庫業を営んだ人物、中野梧一は元幕臣であるが米相場で財を成し、五代の片腕として杉村とともに鉱山経営にあたっていた。大阪の金融界と五代一族との共同事業で、まさに大阪実業界あげての事業であった。

当初の事業計画では、陸軍省が所有している銅製造機械の払い下げを受けようと考えたが、この件は却下された。すでに、一八七八年六月に中嶋成道《なかしませいどう》（兼吉《かねきち》）が払い下げを出願しており、翌年十二月に許可されていたためである。中嶋成道は越後榊原藩で西洋砲術を学んでいたが、一八六二年に幕府派遣留学生として、オランダで鋳造技術を学んだ。その後、大阪造兵司（のちの砲兵工廠）に仕官し、一八八〇年に砲兵工廠を辞任した。下野後の独立をねらって製銅機械の払い下げを出願したものであろう（三宅宏司『日本の技術　大阪砲兵工廠』）。

五代は出遅れたのである。このため一八八〇年一月、伊藤藤右衛門《いとうとうえもん》を洋行させて銅板製造器械を輸入することとし、この資金を確保するために芝川又平《しばかわまたへい》と平瀬亀之助《ひらせかめのすけ》を発起人に追加した。芝川は、淀屋橋の呉服商大坂百足屋の長男で、唐物商と両替商を営んで洋銀取引で成功を収めていたが、この時期にはリスクの高い唐物商を廃業して、土地への投資に転じていた。また平瀬は、千草屋宗十郎《ちぐさやそうじゅうろう》という大坂十人両替の一人で、第三十二国立銀行を設立して頭取を務め、のちに日本火災の社長や大阪貯蓄銀行、浪速銀行などの役員を務めた。いずれも、大阪の名だたる資産家であった。

こうして、改めて機械をイギリスのマンチェスターから輸入し、造幣局技師の力を借りながら据付け作業を進め、おおむね創業の目途が立った。そこで定款はじめ諸規則も整備し、杉村を発起人代表として、伊藤、芝川、山口、平瀬、三井、住友総理代人の広瀬宰平、鴻池、中野、五代が発起人に名前を連ねて、一八八〇年八月に創立総会を開催した。翌八一年一月に会社設立願書を提出し、三月に認可されたのである。資本金は二〇万円、大株主には、発起人一〇名のほか広瀬、永見米吉郎などが名前を連ねていた。

大阪製銅会社の発足と業績不振

大阪製銅会社は、設立目的として「銅真鍮延板並銅線ヲ製造シ、広ク内外ノ需用ニ販売スル」ことを、定款に掲げている。これらの銅製品は、洋式造船業にも「パトロン」製造用にも欠くべからざる材料であり、国内で製造すれば「以テ内ニ固有国産ノ利用ヲ尽シ外ハ海関輸入貨物ノ数ヲ制シ国家富強ノ路ニ於テ裨益スル処あるに幾カランヤ」と、輸入防遏のために国産化を狙って創立したことを宣言した。ちなみに、パトロンはドイツ語のPatrone、すなわち円筒形の容器・カートリッジのことであり、真鍮板から円筒形を打ち抜き、それを搾伸して薬莢などを製造した。

大阪製銅会社は、大阪造幣局の技師ガウランドの指導によって溶鉱炉を築造し、同局の一等技師花《はな》田新助《だしんすけ》の指揮で溶銅作業を開始した。五代は、稼行にあたっては造幣局から技師や職工を多く招いたという。五代龍作『五代友厚伝』は、「当時（一八八一年――著者）君は製銅機械の組立、運転等に関し外人技師の手を煩わすことを屑《よ》しとせず、大阪造幣寮より技手職工を聘して之にあたらしめ」た、と記している。五代にさきがけて製銅業を起こした中嶋が、大阪砲兵工廠の技師であったことを考えると、大阪製銅会社が造幣寮の技師に依存したことは、技術の系譜として興味深い。なお、このとき機械取り付けの指導にきたのは、弘成館の技師であった九里龍作、のちの五代龍作であった。

さらに、大阪製銅会社は定款をはじめ諸制度を整備して、近代的組織をつくり上げた。職工心得仮規則、被傭人心得仮規則、買入物規則などの諸規則が制定され、一八八二（明治十五）年一月十日から実施された。さらに旅費定則、等級俸給表、月俸規則、規定書（営業時間、休日、出勤簿、休暇など）などが、順次整えられた。弘成館の規則は、職務規定が多かったのに対して、大阪製銅は実務的な規定が多い。また最高月俸は、弘成館が二五〇円であったのに対して、大阪製銅会社は一五〇円と格差があった。職工については、工場労働であるため、出勤時間や休暇など細部が規定され、職務内容は職工小頭が総括する制度になっていた。賃金についても、社員の俸給とは別に一般職工規則で定められていた。

大阪製銅会社の社長は、会社設立時は広瀬宰平であったが、一八八二年二月から本荘一行に代わった。操業開始は同年五月、松方デフレ下にあって、その経営は苦心を極めたようである。このため、「製造品無税輸出」を大蔵卿松方正義に願い出たり、造幣局に「銅地金吹滓御払下」を願い出たりした。銅地金の購入代価を銀で支払うため、銀相場の上下によって為替差損を被っていたことや、製品が折からの不況のため販路を失って在庫が増えていた実情が、これらの願書によってわかる。そして、東京砲兵工廠に真鍮板を売り込んでいること、その交渉が成立するとみて造幣局の溶鉱炉の残滓を払い下げてもらい、再吹分をして材料を得たい旨を訴えたのである（「銅地金吹滓御払下願」）。

こうした努力が実り、東京砲兵工廠の「パトロン」製造用地金に、アメリカ製品の一割引で大阪製銅会社の製品を納入することに成功した。また、赤羽兵器局や横須賀造船所などへも製品納入がかなった。実際に「大阪製銅会社が操業をはじめた結果、明治十五年春から、わが国への銅板真鍮板等の輸入はもう減少しはじめた」（『社史　住友電気工業株式会社』）といわれている。

大阪製銅会社のその後

大阪製銅会社が、機械の輸入や工場建設などを進めていた一八八一（明治十四）年には、西南戦争のため増発された不換紙幣の価値が、急速に下落した。同年十月、松方蔵相が紙幣整理を開始して紙幣価値の回復に着手したが、この政策が〝松方デフレ〟といわれる物価の急落を招いたのである。このため大阪製銅は、インフレ時代に購入した機械の代価や工場建設費が割高となって資本金の大半を失ったうえ、製品は不況に直面して販路が伸びず、同社の経営は「瓦解」に瀕した。当時、銅工業に参入しようとしていた古河本店が、大阪製銅の伸銅機械、

大阪製銅会社の後身，増田製銅所（上）と住友伸銅場（下）

反射炉の鉄類、イギリス産の白煉瓦などを購入しようとしたほど、大阪製銅は苦境に陥っていたのである（『社史　住友電気工業株式会社』）。結局、大阪製銅は技術的には優位にあったにもかかわらず、不換紙幣に起因する為替の不安定とデフレに経営を直撃され、五代の存命中は業績の改善をみないで終わった。

日本の伸銅工業が本格的に始動したのは、日清戦争期であった。一八九五年に、住友別子銅山の元支配人であった広瀬坦が、日本製銅株式会社を設立したが、このころには大阪電気分銅など有力な製銅会社が多く勃興して、大阪製銅が占めていた独占的な地位を脅かすことになった。中心的な技術者や中堅工員が多く日本製銅に引き抜かれるなど、大阪製銅は少なからぬ打撃を受けたのである。しかし日本製銅は、まもなく経営に行き詰まり、一八九七年三月に住友家が買収して住友伸銅場と改称した。大阪製銅も、一八九九年三月に破綻し、資金援助を受けていた住友家に買収されて、住友伸銅場中之島分工場となった。こうして大阪製銅の工場設備や技術は、日本の代表的な製銅工場の前身の一角を占めることとなったのである（『住友金属工業六十年小史』）。なお、住友伸銅場はのちに住友金属工業となり、二〇一二年には新日鉄と合併して新日鉄住金と改称し、世界でもトップクラスの製鉄企業となった。

2　貿易事業への関与

北海道開拓使と広業商会

広業商会は、一八七六（明治九）年六月、北海道開拓使が収税品の北海道海産物を清国に輸出するため、函館に設立した商社である。北海道の昆布・煎海鼠・乾鮑などの海産物は、江戸時代には俵物ないし五十集物《いさばもの》として清国向けに輸出されていた。一八六九年に明治政府は通商司を置き、幕府時代の函館産物会所を傘下に収めて北海道産物改所としたが、翌年に産物改所は北海道開拓使の所属となった。開拓使は、清国商人に掌握されていた商権を回復しようとして、上海や厦門《アモイ》に調査員を派遣し、北海道海産物の市場調査を行った。そのうえで、一八七二年十月、開拓使御用達の榎本六兵衛《えのもとろくべえ》らに海産物の中国直輸出を出願させた。北海道開拓使長官の黒田清隆は、この出願を受けて「北海道産物支

黒田清隆

那直輸ノ方法」を外務省と大蔵省に提出し、認可を得た。翌年五月、開拓使が資金と汽船北海丸を貸与して榎本らに保任社《ほにんしゃ》を設立させ、直輸出を担わせたのである。保任社は、上海の販売所として開通《かいつう》洋行を設立したが、激しい競争に耐えられず一八七五年には解散状態になった。

このため北海道開拓使長官の黒田清隆は、同年に開拓使中判官西村貞陽《にしむらさだあき》に清国商況調査を命じ、御用商人の笠野熊吉が同行した。西村は、開通洋行の再開は可能であると報告し（「清国商況視察報告書」『大隈文書』第四巻）、この報告を受けて、翌一八七六年に広業商会が設立された。資本金四〇万円は内務省勧商局から無利子で借り受け、笠野が社長に就任して十月に開業した。本店は、当初東京に置かれたが、のちに函館に移し、根室、東京、大阪、長崎に出張所を、上海と香港に支店を設置したのである。

勧商局と開拓使は、広業商会と「北海道産物売買定約」を締結した（北水協会編『北海道漁業志稿』）。この定約は、漁業者に資本金を貸与して海産物を生産させ、広業商会が産物の受け渡しや値決めなどをしたうえで、直輸出をしようというものであった。「開拓使収税品のうち、清国需要の昆布、煎海鼠、乾鮑、鯣《いか》の四品は、函館に於いて悉く皆勧商局に買取るべし」と規定され、これらを広業商会の上海・香港支店で販売することによって、居留地の清国商人から商権を奪還しようとしたのである。

さらに一八七八年七月、広業商会は清国で銀両《テール》を買い付ける事業を、大蔵省から請負った。同年五月に、政府は一円銀貨および貿易銀の国内流通を認めて、正式に金銀複本位制を導入したが、五代はそれに先立って情報を入手し、銀貨の需要増を予測して、製藍輸出のために設置した上海と寧波《ニンポー》の支店を利用して沓銀（テールに同じ。沓形をしていたことによる呼称）を輸入し、造幣局に納める事業を始めるため、大蔵卿大隈重信あてに願書を提出した（「支那沓銀買入ノ儀ニ付奉願候書付」『五代友厚伝記資料』第二巻）。沓銀を輸入して、貿易銀を製造する場合の計算書も添付されていた。この願書を受けて、七月に大蔵卿から笠野熊吉に命令状が発せられた（大蔵卿大隈重信「命令状」）。笠野は、広業商会で清国向け海産物輸出を手掛けており、沓銀の輸入業務を五代と共同で行ったのである。命令書によると、造幣局から銀両購入資金として三〇万円を無利子で下付し、それによって清国への輸出品を購入して輸出し、その代価で沓銀を購入して、資金下付の四カ月後から紙幣一〇〇円に付き銀貨で一〇〇円ずつ上納するという内容であった。

五代による後見

ところが、広業商会の事業がようやく利益を上げるようになった一八七九（明治十二）年六月、笠野がコレラで急死した。このため、広業商会の支配人からの依頼で、五代が笠野の嗣子吉次郎の後見を務めることとなった。その後、一八八一年に五代は北海道開拓使官有物払い下げ事件で、黒田とともにマスコミの攻撃の矢面に立たされた。その同じ時期に、造幣局は六月限りで沓銀買い入れを停止するとして、下付金の返還を求めてきた。下付金の返納は五代が肩代わりをすることになったが、清国輸出品調達のため「関西諸国に於いて」生産資本金を貸し付けているため、直ちには返納できないとして、返納残金一五万円を三カ年賦で返納したい旨を、同年十二月に大蔵省国債局に嘆願し、認可された（「支那沓銀御買入資金御返上納之儀ニ付嘆願書」）。しかし、一八八二年に返納すべきであった五万円のうち、八三年六月までに上納できたのは三万五千円で、七月に至って残金一万五千円を二四〇カ月の月賦返納にするよう嘆願するなど、返済は滞りがちだったようである（「支那沓銀御買入資本金月賦返納ニ願替ノ儀ニ付嘆願書」）。

なお、一八八二年に開拓使が廃止となったあと、広業商会は大蔵省の監督のもとで事業を継続した。一八八六年には北海道庁が置かれ、昆布資本金の制度が廃止されており、このとき広業商会は解散したのではないかと推測される。

笠野は鹿児島の商人で、五代とは古くからの知己であった。明治維新前後から、米相場や洋銀相場で利益を上げていたようで、五代の相場取引の情報源かつ実行役であった。一八七九年から翌八〇年にかけて、大阪・堂島の米仲買人たちの価格操作による米価騰貴に対抗して、五代が広瀬宰平、杉村正太郎などとともに売り向かったときには、五代の指示を仰ぎながら秘密裡に兵庫払い米を落札するなど、黒子として活躍している。そのほかにも、第五国立銀行への出資や、大阪株式取引所の創立に参加するなど、五代との関わりは密接であった（吉川常深「明治初期第五国立銀行と承恵社の形成過程について」）。

広業商会の事業は、もともと五代の構想によって誕生した事業であった。開拓使長官の黒田清隆とは、幼少時からの親しい交友が続いており、開拓使の事業の一助ともなり、かつ清国貿易の実もあげることができるというので、北海道海産物の直輸出が構想されたのである。藍錠の輸出とも相通じ、輸入防遏という受け身の発想から積極的輸出へと、五代の信条が展開されていったことがわかる。貿易商社への事業関心は、その後の関西貿易社の設立へとつながり、さらに黒田との関係は北海道開拓使官有物の払い下げ事件へと展開していくのである。

関西貿易社の設立

明治政府が直輸出の奨励策を導入したのは、一八七五（明治八）年であった。当時の貿易政策の展開については、伊牟田敏充や西村はつの研究があり、以下ではそれらによって経緯をみていくこととする。大久保利通内務卿は、内国勧業博覧会などの開催によって、国内産業の奨励を図ろうとしたが、その一環として海外直売による産業の発展を企図した。政府出資の直輸出会社で販路の開拓を図り、商権を確立しようという方針を示したのである。これに合わせて大蔵卿大隈重信は、海外直売によって得た外貨を元手に外債を償却するという方針を立てたが、当時、海外に直輸出できる物産はほとんどなく、また為替資金を扱う国内銀行もなかったため、実効を持つには至らなかった。実際に、外国為替の専門銀行として横浜正金銀行が発足したのは一八八〇年二月である。この間に、広業商会をはじめ、アメリカ向け生糸輸出を扱う横浜同伸社、製茶輸出のための三重県製茶会社など、多くの直輸出会社が設立された。大久保・大隈の建議から始まった直輸出奨励策は、横浜正金銀行の開業によって実質的な意味を持つようになり、さらに一八八一年十月には松方正義蔵相に引き継がれたのである。

一八八一年六月三日に設立された関西貿易社も、そうした政府の直輸出奨励金をあてこんだ貿易商社の一つであった。五代は、前年十一月に発起人らと自邸で会合し、「大阪府下ニ於テ貿易会社設立の儀」に付き出願事務の委任を取り付けた（「委任状之事」『五代友厚伝記資料』第三巻）。このとき、住友総理代人広瀬宰平の代理として伊庭貞剛《いばていごう》が出席しているが、このとき広瀬は「此者は当春弊店エ雇入レ候得共、其実、弊生ノ甥ニ候間、此末々、万々御懇命ヲ仰ギ度」(一八八〇年八月付五代あて広瀬書簡、同書第一巻)と、伊庭を五代に紹介している。当時は、大阪製銅会社がイギリスから輸入した銅板製造器械を据え付けて、まさに発足しようとしていたときであり、広瀬は同社の件で伊庭を五代に引き合わせたのであろうが、こののち伊庭は、関西実業界の諸案件に広瀬の代理として関与することになったのである。

関西貿易社の資本金は一〇〇万円、本社を大坂靭《うつぼ》北通一丁目に置き、五代友厚が総監、広瀬宰平が副総監となった。発起人となったのは鴻池善右衛門、三井元之助、住友吉左衛門(総理代人広瀬宰平)、芝川又平、山口吉郎兵衛、安部彦太郎《あべひこたろう》、杉村正太郎、門田三郎兵衛《かどたさぶろべえ》(十人材木屋熊野屋)など、大阪実業界をあげての大事業であった。住友の広瀬をはじめ、堂島米商会所の頭取であった芝川、安部、杉村などは、一八七九年から翌年にかけての米価騰貴に対抗した仲間であり、また大阪製銅会社の設立など多くの事業に参画しており、関西貿易社の大株主でもあった。

関西貿易社の事業目的としては、欧米各国への委託販売とアジアへの委託販売および直輸出があげられている。このため大阪本店のほか、神戸支店と上海支店を設置することとし、さらに広業商会香港支店を代理店とする方針であった。ところが、海外荷為替などの制度が整っていないことから、政府の直輸出政策が中断されたため、関西貿易社は改めて「営業前途之見込議案」を作成した。事業方針として、①海外貿易は中国への輸出にとどめること、②自社で取り組む主業は北海道物産の売買のみとすること、③昆布・海鼠・鯣・椎茸の中国向け輸出と、〆粕・魚油・塩魚・干魚の大阪、東京での販売を行う、という三カ条を明確にし、さらに北海道の産地から函館への集荷を容易にするため、小蒸気船二隻を購入し、場合によっては東京・大阪への輸送にも従事することとした（「関西貿易社営業前途之見込議案」『五代友厚伝記資料』第三巻）。

官有物払い下げ事件と関西貿易社

北海道開拓使の廃止と官有物の払い下げを知った五代友厚は、中野梧一と田《た》中市兵衛《なかいちべえ》を伴って、一八八一（明治十四）年六月に北海道を視察した。その結果、七月には岩内炭坑と厚岸山林の払い下げ、石炭と木材の輸出、北海道海産物の内地販売を、開拓使長官黒田清隆あてに出願した。このなかで五代は、石炭は東京で廉価に販売すれば、工業家の利益となるとともに、九州炭の中国向け輸出を促進することにもなる、と主張していた（「岩内石炭坑御払下願案」一八八一年七月付開拓使長官黒田清隆あて杉村・田中願書、同書第三巻）。

一方、黒田は大書記官安田《やすだ》定則《さだのり》らが設立しようとしていた北海社に対して、開拓使の倉庫、桑園、牧場、麦酒醸造所、葡萄園と葡萄酒醸造所、缶詰製造所などを三八万円余、無利息三〇カ年賦で払い下げようとしていた。このことが、開拓使と北海社、関西貿易社が結託して私利を図るものだとして、民権論者から非難を浴びせられることになったのである。たとえば『東京横浜毎日新聞』は、七月に三回にわたって記事を掲載し、「此商会（関西貿易社）ハ北地全道ノ物価ヲ高低セシムルノ全権」を持つことになると論じた。

広瀬宰平は、八月末にこの一件について五代に手紙を送り、関西貿易社は官有物払い下げに依存しないでも独自の事業に着手できるとして、「岩内炭坑及び厚岸官林等の如きは之を返却し、奇麗に手を引き、開拓使の北海社へ工場等払下げの順序、且関西貿易社は右に関係せずして、（岩内炭坑等は）断然返還セリとの次第を明らかに天下に広告」することを進言した。広瀬は、岩内炭は硫酸鉄を含有しているため釜石鉱山で使用するには不向きであること、岩内海岸は峻嶮で海上運搬に向かないという忠告もしている（八月三十一日付五代あて広瀬宰平書簡、五代龍作『五代友厚伝』）。

一方で黒田は、北海社の設立は、北海道開拓使の解散に伴って工場など現業部門の失業者を出さないための措置であって、関西貿易社とは関係ないと弁明した。両者の論争は平行線をたどり、結局、十月に払い下げが取り消された。その一方で、払い下げ反対派の大隈が失脚させられる、という政治決着が図られたのである。しかし五代は、開拓使の昆布や鮭の払い下げについて、その後も関西貿易社社長の杉村正太郎を通じて安田定則と協議を進めており（たとえば「本月二十四日付東京へ差出シタル書状ノ写」、一八八一年十二月付五代あて杉村書状、『五代友厚伝記資料』第三巻）、やはり広瀬が案じたとおり、将来、北海社と関西貿易社が合同することも視野に入れていたのではないだろうか。

関西貿易社は、開拓使納入米の伏木港での買い付け、北海道昆布の大阪での販売、製茶のニューヨーク向け輸出、根室鯡粕《にしんかす》の大阪での販売など、さまざまな活動を展開していた。なかでも生糸に関しては、売込商の事業に期待をかけている。上毛繭糸改良会社の生糸輸出資金について、一八八二年に関西貿易社が第三十三国立銀行に公債証書を預入、これを担保に荷為替を取り組んで生糸の売り込みを行い、輸出は同伸社が扱うということを取り決めたのである。五代は、「今般、茲ニ一ノ大目的ヲ得ベキ順序ヲ得タリ」として、生糸売り込み事業に参入することを、関西貿易社の幹部会に提案した。彼は、杉村正太郎と田中市兵衛あての書簡で、北海道事業は「臨時の業」で、生糸売り込みこそ本業と意気込んでいる（一八八二年五月十日付杉村・田中あて書簡、同書第一巻）。ちなみに、第三十三国立銀行の支配人種田誠一《たねだせいいち》は、日本初の生糸直輸出商社である横浜同伸社の発起人であり、東京馬車鉄道会社の副社長でもあって、五代の知己であった。

しかし生糸荷為替金融は、失敗したのではないかと思われる。一八八三年に横浜正金銀行から第三十三国立銀行に対して、上毛繭糸改良会社の生糸荷為替資金を融通する契約が成立した（一八八三年四月十七日付横浜正金銀行と第三十三国立銀行の約定書、同書第三巻）。つまり、関西貿易社からの融資案は、反故になったのである。結局、同社は主軸となる貿易業務を見つけることはできず、第一回払込金の六九パーセントを株主に返却して解散したのである（「記」同年五月一日付、同書第三巻）。

なお、五代はその後も製糸業に関心を持ちつづけ、養蚕技術者の佐貝義胤《さがいよしたね》をして、大阪信太村《しのだむら》に養蚕伝授所を開設させ、岡山県吉野郡馬形村などからの要請に応えて技術者を派遣するなど、関西地方に製糸業を広めようとしていた（一八八四年一月付「信太新田ニ於テ養蚕伝授所設置の儀願書」ほか、同書第三巻）。

3　その他の事業投資

五代友厚は、商社ばかりでなく運輸事業にも大きな関心を寄せていた。貿易にとっても、近代都市にとっても、輸送事業は必須のインフラストラクチャであったし、鉱山経営においても採掘鉱石や粗鉱・製錬鉱の運搬用に、鉄道が必要不可欠であった。五代は、遣欧使節を率いて渡欧した際に、ロンドンやヨーロッパ各都市の近代的交通手段を経験している。こうした知見から、彼はさまざまな海陸の輸送業に投資したのであろう。

東京馬車鉄道への出資

その一つが、東京馬車鉄道である。東京馬車鉄道は、薩摩藩出身の実業家谷元道之《たにもとみちゆき》と種田誠一とが一八八〇（明治十三）年に発起し、十一月に東京府の認可を得て十二月に開業した。谷元と種田は、海軍大輔川村純義の欧米視察に随行して、都市交通として馬車鉄道が目覚ましい働きをしていることを知り、発起に至ったのである。相談を受けて五代は、自ら発起人総代となって資本金三〇万円（一株＝一〇〇円）で株式を募集したところ、申し込みが殺到して三日間で募集を締切った。

東京馬車鉄道の筆頭株主は、宇都宮の川村伝衛で三〇五株を保有し、五代と岩崎久弥《いわさきひさや》が二〇〇株、種田が一三五株、谷元が一〇〇株を保有した。なお川村は、第三十三国立銀行の頭取であり、東京馬車鉄道は同行の経営陣が中心になって経営した。株金は第三十三国立銀行に入金すること、同行は入金額を東京馬車鉄道の当座預金口座として管理すること、また東京馬車鉄道は経費を手形で支払って、

東京馬車鉄道

同行が手形割引をすることなどが規定されており、同行は幹事銀行の地位を占めていたのである（「東京馬車鉄道会社規則」『五代友厚伝記資料』第三巻）。

開業にあたって発起人たちが苦労したのは、馬匹一八〇頭と馬車三〇台を収容する車庫の建設用地であったが、芝汐留町二丁目の鉄道局構内の土地を借り受け、ここに駅舎と厩・車庫を建設して、本社を置くことができた。路線は甲乙二線が企画され、甲は新橋から日本橋通り、万代橋を経て上野広小路に至り、さらに浅草広小路に達する路線、乙は日本橋本町三丁目から右折して大伝馬町、浅草橋を経て蔵前通りを通り、浅草広小路に達する路線であった。

一八八二年六月、新橋―日本橋間が竣工して営業を開始し、九月には浅草まで開通、十月に環状線が完成した。しかし、実際には四月から試運転をしていたようで、四月中の新橋からの乗車人員八万五七六人、新橋での下車人員七万八〇六二人という報告が残されており（「明治十五年四月中新橋ヨリ乗車人員調」同書第三巻）、すでに活況を呈していたことがわかる。十二月に盛大な開業式が行われたときには、馬匹二五〇頭、イギリス製馬車四〇台で、上野行き、浅草行きを六～七分から一五分間隔で運行した。新橋―浅草間を四六分で走行したという。

東京馬車鉄道は、鉄道のターミナルである新橋と上野を結ぶ都市交通の要として発展し、その経路となった銀座通りも東京随一の繁華街へと発展した。しかし、道路の損壊や沿線の糞尿被害などが社会問題となり、一九〇三年には東京電車鉄道と社名を改めて、路面電車に切り替えられた（篠原宏『明治の郵便・鉄道馬車』）。五代らが、馬車鉄道を構想したときには、国有鉄道の東海道本線が新橋を、私鉄の日本鉄道が上野を、それぞれ始発駅としていた。五代らの構想の原型となったのは、ヨーロッパ諸都市のターミナル型鉄道各駅を結ぶ市内交通だったのである。五代没後の一八八九年にも、内藤新宿を始発駅とする甲武鉄道が開業し、馬車鉄道がそれらターミナルを結んで発展していった。都市交通として現在のような鉄道環状線が完成したのは、一九二五年のことであった。

神戸桟橋会社の設立

神戸港に桟橋会社を設立すべしと発案したのは、神戸の外国商法会議所議長であったヒューズ（Hughes）である。一八八〇（明治十三）年十月、赤星弥《あかぼしや》之助《のすけ》と上山惟清《かみやまこれきよ》が神戸港桟橋建築を内務卿あてに出願し、翌年七月に建築費用予算や仕様目論見書などを添付して再出願したところ、八二年五月に裁可となった。桟橋建設に必要な土地は、すでに一八八一年七月に、イギリス商人ハルト（Heart）の代理であるヒューズから種田誠一が譲り受けていた。赤星と上山は、神戸税関第一波止場前で桟橋の建設を始め、株金募集や地券受け取りなどの事務を五代が引き受けた。なお、桟橋の設置場所は『神戸開港三十年史』によると雑居地一五（約七三〇〇平方メートル）とされ、同地の借受人は「英人ハルト」となっているが、五代の伝記に記述されている神戸海岸番外八番と同じかどうかは、確認できない。

神戸港には、兵庫の豪商北風正造《きたかぜしょうぞう》が経営する船橋が同年五月に開業しており、また関西貿易社も第三波止場に船橋を設置していたようである。当時、神戸港に入港する内航船は年間四千隻前後であり、船橋のほかに艀船が荷物の揚げ卸しに従事していた。しかし、荷物の増加に伴って艀船が繁忙を極めたため、三菱会社は自己の倉船を所有して荷物の揚げ卸しを行っていた。そうした状況をみて、外国船を繋留することを目的に、桟橋会社が設立されたのである。

神戸桟橋会社本社

神戸桟橋会社の資本金は一六万円（一株＝一〇〇円）、筆頭株主は五代で二五三株、次いで笠井《かさい》新八《しんぱち》と岩瀬公圃が各一〇〇株、三井元之助、杉村正太郎、村野《むらの》山人《さんじん》が各五〇株を保有した（「桟橋会社加入人名仮控」『五代友厚伝記資料』第三巻）。笠井は讃岐国砂糖会社社長、岩瀬は元長崎通詞で、五代とは海軍伝習所以来の知己であった。その他にも鴻池家、住友家、平瀬《ひらせ》亀之助《かめのすけ》、山口吉郎兵衛、諸戸《もろと》清六《せいろく》など、著名な資産家が多く投資をしている。同社は、神戸における株式会社の嚆矢といわれているが、株主には大阪の資産家も多く名を連ねており、関西財界あげての事業であった。

神戸桟橋会社の発起人が、神戸外国商法会議所議長ヒューズあてに提出した「鉄製桟橋会社設立要書」によると、桟橋会社設立計画の概要は以下の通りであった。外国船の貨物の陸揚げは、揚げ卸し機械を持つ汽船で平均五日、帆船は一〇日を要していたという。桟橋会社は、揚げ卸し機械を桟橋に設置することによって、二、三日での揚げ卸しを可能とした。しかも税関の保税倉庫の指定を受けており、桟橋倉庫の荷預証書は荷為替資金の融通に使うことができた。

桟橋の利用代金は、船舶の長さによって規定されていた。三〇〇フィート以下の汽船・帆船は七〇ドル、三〇〇〜三五〇フィートは一〇〇ドル、三五〇〜四〇〇フィートは一二〇ドル、それ以上は二五フィートごとに二五ドルの追加料金とされたのである。また荷卸料金、荷揚料金は商品ごとに規定され、倉敷料は商品ごとに月額が規定されたが、一〇日以内なら無料であった。たとえば乾鮑は、一ピクルあたり荷揚料・荷卸料・一カ月の倉敷料がいずれも三セント、綿花は一梱一五セント、ブランデーやワインなどリカー類は一樽二五セントとなっているが、生糸は一梱あたり荷卸料が二五セント、荷揚料は二〇セント、倉敷料一五セント、酒は大樽一樽あたり荷卸料が二〇セント、荷揚料・倉敷料が一五セントと細かく区分されていた（「KOBE PIER COMPANY — SCALE OF PIER AND STOREAGE CHARGES」）。

神戸桟橋会社は、一八八四年十一月に開業した。株主総会では、株主総代に五代友厚、村野山人、渡辺徹《わたなべとおる》の三名を選出した。村野は、当時の神戸区長でのちの山陽鉄道副会長、渡辺は灘の醸造家で灘酒家銀行頭取である。また、イギリス人キャプテンのバーレーと神戸港の港長マーシャルを顧問に任命した。開業の前月に、イギリスのP＆O社（P&O Steamship Navigation Co.）と、繋留料金を一隻五〇ドルとする契約を締結した。その後、翌年六月までの半期の経営をみると、P＆O社の汽船三三隻、イギリスのコルンス商会（Cornes & Co.）、ブロウン商会（Browne & Co.）、プロイセンのシモン・エバース商会（Simon, Evers & Co.）など各国の商船、また共同運輸の汽船など四八隻が繋留され、陸揚げ貨物は一万八五二五トン、船積貨物は八二九〇トン、その他に艀船からの積み卸しがあって、純益は二六五七円に上った（「第一回半期実際報告書」『五代友厚伝記資料』第三巻）。

その後、日本の貿易の発展に伴って外国船の寄港が増えると、神戸桟橋会社の事業も発展した。しかし、競争によって運賃は低下し、外国船は香港で荷物を積み替えずに、大型船で日本まで延航して輸送費の合理化を図った。一八八七年の五～六月には欧米からの直航大型船が増加し、フランスのメサジェリ社（Messageries Maritimes）も香港積み替えを廃止して神戸直航を開始したという。同社の決定を知った神戸桟橋会社は、大型船が繋留できるように桟橋の延長と上屋の建設を決定している。五代の没後ではあったが、桟橋会社は外国貿易港としての神戸港発展の要となったのである。

共同運輸会社への関与

当時、日本の海運の近代化を先導していたのは、三菱会社であった。同社は西南戦争の軍事輸送を一手に引き受け、戦後には沿岸航路を独占する勢いとなった。このため、同社に対抗する機運も高まり、一八八二（明治十五）年七月に共同運輸会社が資本金六〇〇万円、うち政府出資二六〇万円で設立された。社長には海軍少将伊藤雋吉《いとうとしよし》が就任、副社長に海軍大佐遠武秀行《とおたけひでゆき》が就任した（『日本郵船株式会社百年史』）。在来の風帆船会社を糾合して、近代的商船会社として三菱会社に競争を挑んだのである。

共同運輸会社の発起人には、横須賀造船所長で東京風帆船会社の社長でもあった遠武秀行のほか、三井武之助《みついたけのすけ》、益田孝《ますだたかし》、木村正幹《きむらまさもと》など三井系財界人、渋沢喜作《しぶさわきさく》、大倉喜八郎《おおくらきはちろう》、川崎正蔵、平野富二、諸戸清六《もろとせいろく》など、東京の有力財界人が名を連ねている。設立当初は、資本金三〇〇万円、うち政府出資一三〇万円で計画されていた。発起人のなかに五代の名はみられないが、共同運輸の設立願書、政府からの命令書、定款などの資料が五代の手元に残されており、構想段階から五代の関与があったことが推測できる。

設立願書によれば、共同運輸の船舶としては三連成船用機関を備えた一八〇〇トン積一隻、一五〇〇トン積三隻などあわせて一万五千トン、一四隻が予定され、イギリスに発注することとされた。航路としては、石巻―東京、大阪―東京、四日市―東京、函館―東京の各航路が予定され、運賃収入は一四万四六八八円、純益金として三万四〇七六円余が見込まれていた。しかし実際には、設立時に資本金が倍増したことから、所有船舶も汽船五隻、風帆船二二隻と、ほぼ倍増したのである（前掲『日本郵船株式会社百年史』）。

五代文書のなかには、共同運輸への五代の関与を強く示唆する資料がある。共同運輸会社の設立が許可されたことが、品川弥二郎《しながわやじろう》農商務大輔から安田定則を通じて、五代にいち早く通知されている（一八八二年七月付安田定則あて品川弥二郎書簡、『五代友厚伝記資料』第一巻）。また、共同運輸の資本金を五〇〇万円として関西貿易社の株金一〇万円を合併し、桟橋倉庫を設立するという構想が、大阪道修町の薬種問屋日野《ひの》九郎兵衛《くろべえ》から五代あてに提案されたが、この構想は実現しなかった。さらに、三菱会社と共同運輸の競争が激化した際には、岩崎弥太郎が両社間の斡旋を五代に依頼したといわれている。

このように五代は、桟橋会社、倉庫会社、海運会社など、外国貿易に関するインフラストラクチャに強い関心を持ち、それぞれに深く関与していたのである。

阪堺鉄道と五代

さらに陸上輸送の分野では、大阪・堺間の鉄道敷設に関与していたようである。

大阪・堺間の鉄道は早くから計画されており、一八七二（明治五）年十月、鴻池善右衛門ほかが請願したのが最初であるが、この請願は却下された。翌年十一月には高知県有志が出願し、さらに一八七四年に堺の沢田《さわだ》又七《またしち》、大塚《おおつか》三郎平《さぶろべえ》からも出願があった。後者の出願は、堺県令税《さい》所篤《しょあつし》と大阪府権知事渡辺《わたなべ》昇《のぼる》が、一八七五年に工部卿伊藤博文に取り次いだ。沢田らの願書には、鉄道造営の見積書や規約案などが付されていたが、資本金二二万円を調達できず、創業には至らなかった。

その後しばらく出願はなかったが、一八八四年二月に新たな資本によって阪堺鉄道が出願され、六月に認可を得て、ようやく大阪―堺間の鉄道が実現した。五代が、藤田伝三郎、松本《まつもと》重太郎《じゅうたろう》その他とともに企画したといわれ、同年六月に日本鉄道が上野―高崎間を開業したのに続き、純粋の民間企業としては初の鉄道会社であった。資本金は二五万円、廃線となった釜石鉄道の不用品の払い下げを受け、土地買収は大阪府に委託し、工事は藤田組が請け負った。認可後ただちに着工して、一八八五年十二月には難波から大和川間の営業を開始した。その後、五代没後の一八八七年には三三万円へと増資して、八八年五月に堺までの全線開業に至った。『南海鉄道発達史』によれば、阪堺鉄道は好業績を上げ、鉄道ブームの火付け役となったのである。

五代友厚の名は、阪堺鉄道の発起人にはない。しかし「鉄道之義ニ付申上書」のほか、線路工事の工程や利益の推算、内部規定など、詳細な資料が残されている。このうち、鉄道工事の見積書を作成したウォートルス（Thomas James Waters）は、香港のイギリス造幣局の建設に関わり、グラバーの紹介で鹿児島紡績所の建設を手掛け、のちに大阪の造幣寮応接所（現 泉布観《せんぷかん》）を建設した建築技術者であり、五代とは旧知の人物であった。また、主な大阪財界人が発起人に名を連ねていることからも、五代が阪堺鉄道に深い関心を寄せて助言するなど、なんらかの関与をしていたことは疑いがない。五代は大阪府判事時代に、アメリカ領事から提出された大阪―神戸間鉄道敷設の願書を、官営方針を盾に却下しており、鉄道敷設を自国資本で担うことに強いこだわりを持っていたのである。

第八章　商法会議所と財界活動

1　明治初年の政界活動

小野組のバンク設立

すでにみたように、明治政府は一八六八（慶応四）五月に金札を発行し、不換紙幣で歳入不足を補うとともに、商法会所を通じて金札を勧業資金として貸し付け、殖産興業を進めようとする、いわゆる由利財政を展開した。しかし、金札は思うように流通しないばかりか、旧来の商業組織を統制・再編しようとする諸施策は、かえって混乱をもたらすとして商人たちからの不信が高まってきた。また外国公使からも、貨幣品位の不統一や金札の価値低下に批判が寄せられた。こうしたなかで、伊藤博文や後藤象二郎、五代友厚や寺島宗則など、外国官に関係する人々も、由利財政に反対を表明するようになった。

このような批判の高まりを受けて、政府は一八六八年秋に新貨幣の鋳造へと政策を転換した。しかし、その後も政府の財政政策は迷走を続け、一八六九（明治二）年二月、ついに由利公正は会計官辞任に追い込まれた。さらに同年三月、金札による納税を停止したことに対して、外国公使からの強い抗議を受け、次いで四月には銀目を通用停止としたため、伝統的に銀で決済してきた大阪商人たちは不満を一挙に高めた。このため、四月末には開港場に新たに通商司を設置して、由利財政を担ってきた商法司を廃止した。そして由利の後任に大隈重信が就任し、八月から造幣寮の建設に着手した。ところが造幣寮が十一月の火災で焼失、再建を余儀なくされたため、試験的に銀貨鋳造を始めたのは一八七〇年十月になった。

この間、外国官権判事として外国事務を扱っていた五代は、各国公使の抗議に直面して対処に追われた。五代はこの経験を踏まえて、一八六九年三月に通貨問題の解決策として、銀貨兌換制度を建言している。この建言書は裁可されなかったが、七月には金札の発行停止と兌換期限の設定が実施され、造幣寮の再建も進み、銀貨鋳造に向けて準備が本格化していった。当初は本位貨幣としての一円銀貨、補助貨幣として銀貨・金貨・銅貨の発行が予定されていたが、この銀本位制の採用は伊藤博文の上申書によって覆され、一八七一年五月、新貨条例によって金本位制が採用された。

商法司のもとで全国各地に商法会所が設置されたが、商法会所の元締頭取並為替方として、当初、由利財政に協力的であった小野組は、由利財政への批判が強まるなかで、五代に接近してきたようである。五代も小野組を高く評価し、桂久武あての手紙には「大蔵省為替方小野組と申すもの、当時京阪・東京にて三井同様の勢い、反て現金は三井も不及」と記している。そして、小野組が二〇〇万両から三〇〇万両の基金でヨーロッパ同様の「バンク」を設立すると言っていることを伝え、日本で最初の事業であり、「其益随って集るべし」と期待をかけていた（一八七一年十二月十五日付書簡）。実際に小野組がバンク設立願を提出したのは、一八七二年二月であった。小野組は、社中総代の岡田平蔵を通じて五代に働きかけ、大蔵大輔井上馨、大蔵大丞渋沢栄一への斡旋を依頼したといわれている（宮本又次『小野組の研究』第三巻、同『五代友厚伝』など）。

しかし、政府は個々の銀行設立案を却下して、三井小野組合銀行の設立を働きかけた。この方針に対して、三井が表向きは組合銀行に参加しながら独自の銀行設立へと動いた一方で、小野組は組合銀行に積極的に取り組んだようである。組合銀行の設立願書下書きを小野組が作成し、三井と連名で紙幣寮に提出したのである。この間の経緯は、小野善右衛門《おのぜんえもん》（西村勘六）から五代あて書簡で詳細に報告されているが、同じ書簡で五代にもらった時計のお礼として「夢心地、難有とも何とも、難申上」と述べられており、両者の親しい関係が窺われるのである（『五代友厚伝記資料』第一巻）。

小野組家政改革への関与

小野組は、宗家の善助、又次郎、助次郎の二家で構成されていたが、このうち助次郎家は元方の小野善右衛門が実権を握り、京都の店で生糸や絹を扱っていた。主人の小野助次郎（善太郎）は、これとは別に糸店を経営して大阪にも支店を持っていた。一八七三（明治六）年、小野善助総理代人となって小野組の実権を握った小野善右衛門と、善太郎および糸店支配人の古河市兵衛との対立が起こり、善右衛門を為替御用にあてて、生糸商事は分離独立しようという家政改革案が持ち上がった。これに対して、小野善助は一八七四年五月、五代に議長として家事改正規則の裁定に当たるよう依頼をした。五代文書には、小野善右衛門からの依頼状や五代の善右衛門あて応諾書が残されており、五代と善右衛門との親交を裏づけている（『五代友厚伝記資料』第一巻、第二巻）。

小野組の改革は、五代の裁定によって一八七四年八月に「小野組家則」が定められ、総元方を設置、糸店を独立させることで決着した。しかし実行に着手する前に、小野組は突如破綻した。小野組は、三井組、島田組とともに政府御為替方を命じられ、多額の政府出納金を取り扱っていたが、十月に為替方に対する抵当物件規則が改正され、預り金に対する担保必要額が三分の一から全額へと引き上げられた。小野組は、為替方として預かった巨額の資金を生糸貿易や製糸場経営などに投資していたから、担保物件をただちに完納することは不可能であった。そこで、十一月に手元資金を大蔵省に提出して為替方を辞退し、本店を閉鎖したのである。

第一銀行の渋沢栄一総監役は、すでに一八七四年秋には小野組の破綻を察知しており、同行貸金に対して抵当を入れさせたという。五代も、七月に半田山を入手した際に、小野糸店からの出資、小野元方からの融資を受けていたが、その清算を破綻前に済ませたというから、あるいは渋沢からの情報を得ていたのかもしれない。十二月には、大隈重信にあてて、小野組の負債額は第一国立銀行からの借金が一万五千円ほどであると報告し、その処理に充てるための土地処理を依頼しており、小野組閉店後も五代が何かと相談に乗っていた様子がわかる（前掲書第一巻）。

征韓論と大阪会議

一八七一（明治四）年十一月、岩倉具視を全権大使とする使節団が条約改正を目標に欧米諸国歴訪の旅に出た。参議木戸孝允、大蔵卿大久保利通、工部大輔伊藤博文など政府要人が揃って、一年一〇カ月という長期にわたって自国を留守にするという、誕生間もない国家としては暴挙に近い計画であった。事実、西郷隆盛参議を中心とする留守政府は、着々と近代化の成果を上げていったものの、不平士族への対策として、一八七三年五月に征韓論を提起したのである。欧米視察から帰国したばかりの岩倉は、大久保を参議として西郷らの征韓論に対峙させた。征韓論をめぐる議論は、岩倉の天皇への上奏によって反対派の勝利となり、西郷をはじめ板垣退助《いたがきたいすけ》、後藤象二郎、江藤新平《えとうしんぺい》ら征韓派参議は辞職した。大久保は内務省を新設し、初の内務卿として政権を掌握した。「明治六年の政変」といわれる事件である。

こうして大久保は、殖産興業政策を推進し、警察権を握り、いわゆる薩長藩閥政府の要として主導権を握ることとなった。自由民権派からは「有司専制」として激しく非難されたが、当時の明治政府は巨額の財政赤字を抱え、不平士族の反乱などで内政も不安定であり、さらに弱体な経済は国際競争にさらされ

外遊先（サンフランシスコ）での木戸孝允（左），山口尚芳，岩倉具視，伊藤博文，大久保利通（右）

木戸孝允

て植民地化の危機をはらんでいた。大久保の内治を優先する政策は、極めて理知的・論理的なものであって、この政変は明治政府の存亡にとって分岐点となったものといってよい。

翌一八七四年は、明治維新後初めて経済危機が表面化した年であった。地租改正で財政基盤は安定したものの、士族や農民の不満は募り、二月には江藤新平をかついだ〝佐賀の乱〟が勃発、また全国各地で農民騒擾が多発し、政情不安は収まらなかった。このため米価は高騰し、貿易赤字と国際的な銀価格の下落による正貨流出によって、国際収支も破綻に直面していた。そうしたなかで、台湾に漂着した日本の漁民が原住民に殺されるという事件が発生し、これを理由に征台論が起こった。木戸孝允は征台論に反対して山口に帰国し、一方で大隈の独断的な財政運営への批判も高まって、大隈は辞意を表明するに至った。

二月の佐賀の乱は鎮圧したものの、政府の基盤は極めて不安定であった。五月には、大久保が大阪で五代と面談しており、五代の大蔵卿就任説が巷に流れた（五代龍作『五代友厚伝』）。しかし、五代に再び官途に就く気はなく、この時の大久保との話し合いの結果であったのだろうか、五代は大久保に

花外楼の表構えと木戸孝允揮毫になる額（右上）

代わって大隈に五カ条の忠告書を送った。その内容は、愚説愚論を我慢してよく聞くこと、人の論が自らの論と大差ないときは人の論を賞してその説を採用すること、怒気怒声を発しないこと、事務の裁断にあたっては時を見極めること、努めて交際の範囲を広げることの五点であった（五代龍作『五代友厚伝』）。要するに、他人の言論に寛容であるべきことを説いたのである。大隈は辞職を翻意し、閣内にとどまることになった。

下野した木戸は、政規制定の意見書を上申して大久保の批判に回りつつあった。政局を安定させるためには、木戸を呼び戻すしかない。一八七四年の十一月、台湾問題で清国から賠償金五〇万両を獲得して帰国した大久保は、滞京中であった五代をしばしば訪問した。木戸を参議に復帰させるにあたって、まず五代に相談があったのであろう。大久保は、続いて伊藤博文と相談を重ね、双方の中間地である大阪で、木戸との面談を持つことに決めた。五代は、帰阪して井上馨と打合せをし、十二月末に大久保を迎えた。

明くる一月八日から、大阪の三橋楼で木戸との会談が始まった。ようやく一月二十六日、五代や税所篤なども参加した会談で木戸は軟化し、翌日、伊藤博文と会って再起の意向を固めたのである。二月九日に、木戸は伊藤とともに五代邸で大久保に面会し、国会開設などの持論を述べて大久保の賛意を得た。木戸は、板垣、大久保と同意に至ったことを、「前途為国家・人民開、其端一大幸なり、余窃に欣躍す」と述べている（『木戸孝允日記』『五代友厚伝記資料』第四巻）。十一日には、木戸が大久保とともに伊藤が宿泊していた旅館加賀伊（花外楼）を訪ね、板垣と会談を行った。このとき、大久保と板垣は征韓論で分裂して以来はじめて面会し、これによって閣内の協議が整ったのである。

この間、五代は大久保に宿を提供し、会談のセッティングやアドバイスを行っただけでなく、囲碁や狩猟、湯治などの遊興も、常に大久保と行動を共にしている。大久保は「乍一時、寿命の洗濯、万々奉厚謝候」と五代への礼状で記しているが（『五代友厚伝記資料』第一巻）、五代邸での逗留は、二月十六日に神戸でパシフィックメイルのゴールデンエイジ号に乗船するまで、五〇日近くに及んだのである（「大久保利通日記」『五代友厚伝記資料』第四巻）。

2　大阪商法会議所の設立

大阪商法会議所の設立

明治維新後、東京を首都として殖産興業政策による近代化が政府主導によって進められるなかで、江戸時代に「天下の台所」と謳われて繁栄を享受していた大阪は大きな打撃を受け、その経済は衰退していった。打撃の第一は御用金の負担であり、とりわけ由利財政による会計基立金の徴収は、豪商のみならず中小の株仲間商人にも賦課されたため、大阪の受けた経済的な打撃は大きかった。第二に、銀目廃止があげられる。江戸時代に「江戸の金遣い、上方の銀遣い」といわれて、銀本位経済の中心にあった大阪は、銀による取引決済を禁止されたことで、大混乱に陥ったのである。さらに第三に、大阪に数多くあった各藩の蔵屋敷がすべて新政府に接収されたため、大阪への諸国産物の回送が滞ってしまった。商都大阪の基盤が、すべて崩れたのである。第四に、株仲間の解散がある。新政府が「商法大意」を頒布して商法会所を設立したため、株仲間の機能が損なわれ、一八七二（明治五）年に解散させられた。また第五に、廃藩置県によって新政府が肩代わりした藩債の処分が断行されたため、旧藩に資金を融通していた大阪商人のなかには、倒産したものも多かった。西南戦争の兵站基地となった一八七七年まで、大阪経済は長期にわたって沈滞を続けたのである。

こうしたなかで、経済秩序を回復しようとして同業組合の結成が盛んとなった。一八七二年の藍仲買商の永続組を皮切りに、多くの商業組合が結成されている。こうした機運をみて、中野梧一、藤田伝三郎、広瀬宰平ら大阪財界の有力者は、一八七三年に大阪経済の劣勢を挽回するための財界組織を創設しようと画策したが、その目的を達成するには至らなかった。かえって商業組合のなかには、株仲間の再興のごとく他人の営業を束縛するものもあり、大阪府は一八七五年に非組合員への妨害行為を禁止し、各々自由に営業すべしとの布告を出したのである。

大阪商法会議所（四世長谷川貞信画）

一方で東京では、条約改正の交渉を進めるにあたって民間経済界の世論を聴取する必要が生じ、海外の実情に鑑みて商業会議所制度を導入することが勧奨された（浅田毅衛「東京商法会議所の設立と明治前期の流通政策」）。商法会議所の制度は、古くはマルセイユで一五九九年に設立されたが、十八世紀後半からヨーロッパ主要都市に普及していった。なかでもイギリスでは、会員制任意組織で地域の利害を担う経済団体として創設された。〝イギリス産業の真の議会〟といわれたマンチェスター商業会議所は一七九四年に設立されたが、十九世紀中葉までにイギリス全国規模に発展し、一八六〇年には全国商業会議所連合が創設された。これらを参考に、一八七八年三月に渋沢栄一、益田孝らによって東京商法会議所が設立されたのである。

大阪商法会議所は、東京商法会議所の刺激を受けて、一八七八年七月、五代をはじめ有志一五名の連署で出願された。八月に認可され、九月には第一回総会を開催し、五代が会頭に、中野梧一、広瀬宰平が副会頭に選出された。また東京の先例にならって、大阪商法会議所も一カ年千円の下付金を勧奨局に上願し、九月から下付された。

大阪商法会議所の発起人には、五代や住友の総理代人広瀬宰平、陸軍御用達で大をなした藤田伝三郎、堂島米会所頭取の磯野小右衛門《いそのこえもん》、洋反物商の芝川又平など、新しいタイプの実業家や、鴻池家の代理人斎藤慶則、三井両替店の中井由兵衛、灘の酒造業加納家の代理人白木保三など、政府との結びつきの強い商家の使用人もいた。また、会議所書記長に就任して五代の片腕として活躍し、西洋の諸制度の紹介に努めた加藤祐一《かとうすけいち》のような知識人も参画している。その他、約六〇名に達した議員の多くは大阪の伝統的商人であった。

当初、大阪商法会議所は五代の朝陽館内部に置かれたが、一八八〇年には高麗橋通四丁目に会議所を新築した。新築・移転にあたっては、大阪府から一五〇〇円の奨励金を下付された。しかし、この地所購入および建築費の大半が借入金によって賄われたため、大阪商法会議所は財政的に行き詰まったようである。五代は、東京の商法会議所が官有地を借用し、建物も下賜されているとして、一八八〇年十月、農商務省商務局長河瀬秀治あてに地所・建物の下付を願い出た（「大阪商法会議所地所並建築費之儀ニ付願書」『五代友厚伝記資料』第二巻）。そのなかで五代は、大阪商人は「従来ノ風習未ダ脱セズシテ」遊興に財を散じても会議所のためには財を惜しむと述べ、大阪府は会議所の経常費を支弁してくれるが、会議所の建築費や調査費を賄うことはできず、借財が六千円に上ったと訴えている。河瀬は、内務省時代に内国博覧会などを手掛けており、大久保や五代とは旧知の仲であったが、この願書はおそらく聞き届けられなかったであろう。大隈財政の末期であって、すでに財政緊縮の方針が打ち出されていたからである。翌年七月には、政府の財政上の都合で一カ年千円の補助金も打ち切られ、十月には大隈が失脚、松方財政が始まって、緊縮財政は本格化したのである。

大阪府勧業課から、月額五〇円の補助が再開されたのは一八八三年であり、同年七月から年額二五〇〇円に増額された。これによって、補助金と会員からの会費、政府の諮問調査費とを合わせて、運営費を賄えるようになった（『大阪商工会議所百年史』）。商法会議所の運営は、財政的にも安定するようになったのである。

大阪商法会議所の建議・報答活動

大阪商法会議所は、大阪経済の頽勢を挽回することを目的に設立された。このため、最初の重要議題は、起業公債証書の流通を円滑にするための議案であった。次いで、商業仲間規則を設ける議が提議された。五代は、自由な営業が持論ではあったが、現今のような「自儘商業」が行われる状態では商人中に混乱を生じ、大いに商業の渋滞を醸しているとして、諸商業仲間の規則を設けることに論議を誘導している。こうして第二回・第三回定式会議の議論を経て議案は可決され、翌年六月に仲間規則の綱領略目が検討された。

これらの議論を受けて、一八七八（明治十一）年十二月から翌年十月にかけて、砂糖商、薩州荷受問屋、油商、諸国荷受問屋、舶来品商など一〇団体の仲間規約が制定された。しかし、信認金を徴収して商取引の秩序を回復しようとする活動は、すぐには目的を達成できなかった。会議所はさらに審議を重ねて、一八八一年七月には「大阪府下各商業仲間組合及び商業取締上之儀に付建議」を大阪府知事建野《たての》郷三《ごうぞう》に提出した。その要旨は、一八七九年に営業税則が制定されたものの、商業者の実態の把握ができていないため、公正な営業税賦課ができない状況であるとし、商業仲間による申し合わせ規則が必要であるとの建議であった。五代も会頭として大阪府に実情を伝え、ようやく「大阪堺市街商工業取締法」の制定に至った。大阪府が商法会議所と一体になって、同業組合の普及に努めたのである。のちに一八八四年十一月に、農商務省が「同業組合準則」を定め、地方長官による同業組合の認許に基準を示すとともに、主務省への届出を義務化した。

同業組合制度の審議がほぼ落着した一八八〇年一月、大阪商法会議所は経済の振興のための金融疎通政策を議論し、これを「商工振興四根本策」にまとめて、六月に大阪府知事に請願した。「手形流通之儀ニ付願」がそれで、手形流通の保護を訴えたものであった。なおこの請願は、大蔵省や農商務省の諮問を受けて、一八八四年まで答申を繰り返していたが、この間に銀行による手形取り組みが発達して金融の道が開かれ、政策としては不要となったものと思われる。

また条約改正については、そのうちの税制改正について府下商業への影響を、一八七九年八月から審議していたが、税則を改正して輸入税を引き上げ、輸出税を廃止すべきことを、十月に政府に建議した。次いで商標条例施行の義について商務局からの諮問を受り、日本にはない制度であったため、五代が説明役を引き受けて一部改正案を答申した。なお同様の諮問は、東京商法会議所にもなされている。

商法会議所による調査活動

一八七九（明治十二）年一月には、商況調査を行うことが商法会議所に提案され、可決された。五代は、商況調査については主だった商業部門から着手すべきであるとして、薬種、砂糖、米、綿、綛糸《かせいと》、蠟、舶来品、材木、紙、油、荷受問屋など二八部門をあげ、それぞれ委員を選挙して調査に当たらせること、印刷所を備えて日々の相場の速報を発行すること、そのほか調査した商況を新報として販売することなど、具体的な提案をしている。実際に、同年七月から『商況調査日報』および週刊の『商況新報』が発行された。また、翌八〇年三月には大蔵省からの命令によって、天保元年から明治十三年に至る五〇年間の、大阪市主要商品の物価調査をした。調査対象は、金銭相場、米など穀物類、塩、酒、醬油、砂糖などから利息に至る四〇品目以上に及び、その成果は『大阪物価沿革表』にまとめて大蔵省に答申された（宮本又次編『近世大阪の物価と利子』）。

一八七九年六月には、大蔵省関税局から海関税改正に関する諮問を受けた。折からのコレラ流行の影響で大阪商法会議所が閉会したため、八月から調査を開始して十月に答申している。綿繻子《めんしゅす》、モスリンなど繊維製品、石炭油、白・赤砂糖、綛糸、鉄類などの一〇品目について、大阪に輸入した商品の販売経路ごとの取引量、流通経路、洋銀相場と輸入量の関係などについて、詳細な調査がなされた。なお、東京商法会議所も同じ諮問を受けて、十二月に答申を提出している。

大阪商法会議所は、右の調査を進める一方で、会議所会員に条約改正について意見を求めた。イギリス公使パークスが、関税条約の改正と税則について日本政府に建言するため、横浜、神戸、大阪の外国商法会議所に意見を求めた資料が添付されており、それによると、輸入税の増税、輸出税の廃止は外国商人に利益を与えるものではないこと、また「日本政府ニ其海関税ヲ支配スルノ全権ヲ許与スルノ一事ハ、委員ガ最モ左袒セザル所」であるなどの主張がなされていた。大阪商法会議所がまとめた建言書では、会員の意見をまとめて、こうした外国商法会議所の意見に反論を加えているのである（「大阪商法会議所会頭五代友厚氏より条約改正の儀に付建言書」一八七九年官令全報第四十号所載、『五代友厚伝記資料』第二巻）。これについては、五代の起草した意見書として、後に詳述する。

　一八八二年五月には、参事院法制部からの諮問を受けて、商事慣習調査をまとめた。この調査は、明治維新後に株仲間を廃止したため、大阪では商業の綱紀が失われて慣習といえるものがなくなったとして、維新前の慣習を調査したものである。二月に、参事院御用掛児玉《こだま》少介《しょうすけ》から調査の意図について説明を受けたのち、会議所議員のほか諸商業の取締や古老を招いて数度の審議を行い、旧記を渉猟するなどして報告をまとめ、六月に報答したようである。調査に同行した農商務省の遠藤芳樹が、のちに『大阪商業習慣録』として編集・出版した。

　一八八三年二月には、江越間鉄道敷設竣工による府下商業への利害について、大阪府勧業課から諮問を受けた。翌年四月に、滋賀県（近江）長浜と福井県（越前）敦賀を結ぶ鉄道路線が開設されて、長浜―大津間の琵琶湖舟運と連結されることになったが、この調査は鉄道開通に先だって行われたものである。大阪に出入りする主な商品五〇種以上について、その生産国と販売先、流通量を調査し、輸送経路と運賃を調べ、鉄道開設による利害をまとめた膨大なものであった。鉄道輸送が便利で利益になるものとして、塩、蠟、洋反物、ガラス、酒、材木など一〇品目、障害あるものとして石炭油、砂糖、ろうそく、干物、米など一〇品目をあげ、その他、便利で幾分の利となるも害とならないもの、利害相半ばするもの、利害なきものなど、詳細に区分している。

なお、この答申に付随して、前述の「手形流通之儀ニ付願」および、一八五一（嘉永四）年株仲間復興のときに惣年寄から三郷年番町々年寄に出された申渡書、および九八種の株仲間名一覧（「旧幕府執政中大坂株仲間名簿」『五代友厚伝記資料』第二巻）が提出された。

いずれの調査も、大阪をめぐる商品流通の実態を詳しく調査しており、明治前半期の流通事情を知るために、欠くことのできない貴重な資料となっている。五代の功績として、商法会議所の活動を通じて、伝統的な大阪商人を啓蒙したことがあげられているが、このような商業・流通の実態調査をまとめたことも、高く評価されてよい。

3　商業講習所と商品取引所

商業教育の創始

大阪における商業教育の始まりは、三菱の商業塾であった。一八七〇（明治三）年、土佐藩の藩営商社である開成館大阪商会のなかに岩崎弥太郎が英語塾を開き、アメリカ人のヘースを招いて商業英語を教えた。この英語塾は、岩崎弥太郎の三川商会に引き継がれ、大阪長堀の本店内に置かれたが、のちに東京に移って、一八七八年に三菱商業学校となった。また一八七二年、益田孝造幣権頭が大阪の造幣局内に日進学舎を設け、理化学、数学などを教えたが、のちにはお雇い外国人ブラガが複式簿記も教えるようになり、これが大阪における商業教育のはじめとされている。同年には学制が頒布され、これとともに大阪府は東区難波御堂内に欧学校を設立し、すぐに集成学校と改称、商法学予科を付設して英語、商法、簿記法、経済学などの課程を置いた。本格的な商業教育の開始であった。しかし、一八七七年には集成学校と同校への進級学校を統合して大阪府第一番中学校としたため、商業教育は頓挫していた。

この間、一八七五年に森有礼《もりありのり》、富田鉄之助《とみたてつのすけ》の発議で東京に商法講習所が開設された。この両名は、あらかじめ福沢諭吉に商業教育機関設置の必要性を広く啓蒙する論文の執筆を依頼し、福沢は一八七四年十一月に「商学校を建るの主意」という趣意書を発表していた。

大阪で商業講習所開設のきっかけとなったのは、加藤政之助の論説であった。五代は、一八七九年に『大坂新報』の経営を引き受けるにあたって、福沢の推薦で加藤を編集主幹に任じた。同年八月、加藤は「商法学校ヲ設ケザル可ラズ」という題で、右の福沢の趣意書と酷似した社説を執筆したのである。毛利敏彦によれば、五代は商業教育機関の設立に関心を持ち、福沢の「商学校を建るの主意」を入手、加藤を大阪新報社に招いてこの社説を書かせたのではないかという。したがって、加藤を「大阪商業講習所創立の主唱者」と位置づけている『大阪商科大学六十年史』の記述は改めなくてはならない、と指摘している（毛利敏彦「大阪商業講習所の誕生と福沢諭吉」）。

五代はこの問題提起を受け、一八八〇年に加藤と門田三郎兵衛、桐原捨三《きりはらすてぞう》を仮創立委員として、商業講習所の開設準備を始めた。門田は、大阪の十人材木屋の一つである熊野屋三郎兵衛商店の五代目で、気鋭の実業家であり、交詢社の社員となり、明治生命の創立時の株主となり、また大阪鉄工所の創業にも関わった（『日立造船株式会社七十五年史』）。桐原は、加藤と同じ慶応義塾出身のジャーナリストであり、商業講習所の初代校長に就任している。こうして一八八〇年九月から募金を募り、十一月に大阪商業講習所を開設した。昼間の正則科と夜間の速成科が設置され、百余名の生徒が集まったという。五名の日本人講師によって、簿記、経済、算術の三科目に加えて、習字作文、実地演習が講じられ、実践的な商業教育が行われたのである。

商業講習所の経営は、五代と門田がそれぞれ二〇〇円を出資し、門田はそのほかに創立費三〇〇円も負担した。さらに、住友吉左衛門、鴻池善右衛門、藤田伝三郎ら大阪財界の主だったところから、年金五〇円が寄付された。しかし開校当時は松方財政によるデフレ下にあり、寄付金は十分に集まらず経営は困難を窮めた。一八八一年には「公立大阪商業講習所設立建言」(『五代友厚伝記資料』第四巻)を府知事あてに提出し、八月、校舎を旧府会議事堂跡に移して、大阪府立商業講習所として再出発したのである。

堂島米商会所の設立と米相場

大阪堂島の米会所は、一七三〇(享保十五)年に開設され、世界で最初に先物取引を行った取引所としても名高い。しかし幕末のインフレで、米価の変動が著しくなり、米会所はその機能を失った。その結果、一八六九(明治二)年に明治政府によって取引を正米取引のみに限定され、米会所はその市場機能を喪失した。物価の基準となっていた米相場が建たないため、金融の円滑を欠き、商業界は混乱し、庶民も困惑したという(五代龍作『五代友厚伝』)。まるで、明治維新後の大阪経済没落の象徴のようでもあった。翌年には、武富辰吉《たけとみたつきち》、磯野小右衛門らが再興を願い出て、一八七一年四月、限月米取引という四カ月の定期取引が許可されたのである。

堂島米会所

その後、政府は一八七四年に株式取引条例を発令して取引所の整備に着手し、七六年九月には米商会所条例が発布された。米会所は九月末をもって閉鎖され、一方で、米商会所条例を遵奉した米商会所が設立されることとなった。五代は、米商会所の設立に向けて田中市兵衛と土居《どい》通夫《みちお》を名代として政府に交渉し、自らは「隠れたる後援者として、時に新聞に其の意見を演述し、或は政府に縷々建白書を提出して」、その創立に奔走したのである（『近代之偉人　故五代友厚伝』）。

一八七六年九月、大阪堂島米商会所は鴻池善右衛門、三井元之助、磯野小右衛門、芝原又平など一六名の連署で、会所規則および会所定款、申合規則を策定し、創立証書として出願し、十月に認可を得た。翌年二月には西南戦争が勃発し、戦費調達のため発行された不換紙幣が物価騰貴をもたらした。米価も、一八七七年後半から騰貴しはじめ、翌年の天候不順でさらに高騰し、一八八〇年に入ると西南戦争前の二倍以上に奔騰した。このように市場が高騰するなかで、五代も一八七九年ころまではさかんに米相場を張っていた。五代の名代であった与倉守人《よくらもりんど》は、一八七九年一月の書簡で「一月限渡米、決て引受難相成と想像罷在候（中略）又、正米ニて引受候ハバ右の代金を以、又下値を見合買込、三月限ニ売込候も更に差支無之、夫等ハ臨機応変、御神策ヲ希望ス」（五代あて与倉書簡『五代友厚伝記資料』第一巻）と、取引の判断を五代に求めているが、与倉からはたびたび米相場に関する書状を受けていたようである。

しかし、一八八〇年に入ると米相場は暴騰の様相をみせた。五代は、磯野小右衛門らの仲買人が買い煽ったせいだとして、広瀬宰平、安部彦太郎、杉村正太郎などとともに売り崩しにかかった。五代たちは、正米二万石を二二万円余で共同買い付けをし、売り向かったのである（「共同米当方関係計算表」『五代友厚伝記資料』第二巻）。

この売り崩しに遭って磯野たちは買い向かったものの、売方が優勢であった。このときの米売買の様子は、笠野熊吉が五代に細かく報告し、現米の確保に努力している旨を伝えている（五代あて笠野書簡、『五代友厚伝記資料』第一巻）。強気に売り向かうためには、各地で目立たないように現米を買い付け、限月に買手側に渡す必要があったのである。三月二十九日には、市場の形勢が不穏となって乱高下するようになった。このため、会所役員は「売買上不穏当ノ事アリト認メ、其の立会ヲ中止シ、臨時増証拠金ヲ徴収セシニ納入ヲ怠リシ仲買人アリ、之レニ対シ違約処分ヲ為シ」て立会いを再開したものの、奔騰は止まなかったという（『大阪堂島米商沿革』）。

現米購入の資金としては、第百三十国立銀行から広瀬に対して二万円、第三十二国立銀行から五代に対して四万円など、巨額を調達している。その借入額は、第一国立銀行からの一五万円を筆頭に、大阪に本店のある銀行一〇行のうち六行、三井銀行の計八行から、三月二十二日から二十九日までの八日間で総計四〇万円に達していた（うち、五万円は二十五日に返済）。さらに増証拠金の追徴について、五代や広瀬らは三月二十九日にいち早く情報を得たものと思われ、同日、五代が第一国立銀行支店に現金一三万円を持ち込んで預り手形とし、翌日には堂島米商会所から現金を受け取りに来たという。これは増証拠金の支払いとみられ、一〇石につき二五円の追徴金とすれば、五万二千石の米を売り向かっていたことになる（「十三年十二月二十六日検事手続概要」『五代友厚伝記資料』第二巻）。

さらに売買契約を解消する「解合い」が成立して、堂島米商会所は買方仲買人の立会いを一時差し止めたが、そのうちの六名について増証拠金未納の廉で証拠金・身元金を没収し、仲買人除名を申し渡した。五代たちが、受け渡しに先立って主要銀行から多額に借り入れていたため、買方は金策に失敗したのである（「買方失敗の三大歴史」『日本商業雑誌』第十三号、田付茉莉子「相場師五代友厚」）。

米商会所の頽勢

こうした堂島米商会所における混乱に直面して、一八八一（明治十四）年四月十三日、大蔵卿は全国の米商会所の定期米売買を停止し、五月には条例を改正して仲買人身元金の増加など、規則を強化した。そのうえで十月から営業停止を解除したが、この営業停止をきっかけに米商会所は衰微した。全国の一四米商会所は、連署で大蔵卿あてに証拠金の減額などを出願したり、売買規則の改正案をまとめたりして、条例の強化に抵抗した。さらに、十二月には「米商会所営業継続願之儀ニ付上申書」を農商務卿西郷従道あてに提出して、存続を請願した。新しく頭取となった玉手弘通《たまてひろみち》の奔走もあって、一八八二年六月から五カ年の営業継続が許可されたのである。宮本又次は、堂島米市場がともかくも存続し得たのは、五代らの大阪商法会議所の理解によるところが大であったとしている。また、新興の石油商として大阪実業界で頭角を現しつつあった玉手も、五代の指示を仰ぎながら活躍したのである（宮本又次「大阪経済界を培える人々——玉手弘通」）。

ところで、増証拠金の一件については、一八八〇年十二月に至って買方の藤本清兵衛《ふじもとせいべえ》（大阪曽根崎の米穀商住吉屋）ら四名が、米商会所の頭取芝川又平、副頭取玉手弘通ほか四名を訴える事件へと発展した。「検事手続概要」（『五代友厚伝記資料』第二巻）によると、大阪裁判所検事が五代ら五名に資金を貸し付けた銀行から、個別に事情を聴取している。そして判決では、「被告は罪とすべき廉無しと判定すとの申渡しあり、一件結了せり」（芝川又四郎『芝蘭遺芳』）とされた。しかし、松方デフレの進行によって米穀取引が低迷するなかで、こうした米商会所の混乱は、その存立を危うくするものであった。

米相場の一件は、広瀬の回想によると、五代が「若し此の米相場を放任して彼等の為す儘に打捨て置かば、多数の細民は為に非常なる難境に陥るに至るべく、其の惨状見るに忍びざるものあらんとす」と論じ、「今此の相場を売崩し、以て米価の低落を謀りては如何」と広瀬にもちかけたものであったという（広瀬宰平『半世物語』）。広瀬は、五代の説得に動かされて、共同米の事業に義侠心から参加し、幸いにその結果は利益をみることになったが、「この時の経験に依り、米相場の非常に危険ナルヲ覚知」し、「決して正直なる実業家の為すべきものにあらざることを確認」したと反省している。

一方で五代は、米相場への関与は「始より米価を制スルノ旨趣公然相唱、同志共同セシコト」であり、「不恥の意有之申候」として正義感からの介入であったと主張した。しかも相場介入のそもそもの発端は「堺商法会議所の旨趣」であって「迂生の発端に無之」、自分は裁決役を乞われて参加したに過ぎないと弁明している（一八八〇年五月一〇日付大隈あて書簡、『五代友厚伝記資料』第一巻）。大阪財界における五代の立場を考えると、あり得ることであった。

大阪株式取引所の創設

政府は一八七四（明治七）年十月、株式取引条例を発布し、東京と大阪に各一カ所の取引所を設立することとした。しかしこの条例は、取引員の身元保証金・売買証拠金が高額であったことや、定期取引の期限が二カ月に限定されたことなど、当時の日本の商慣習と相容れない規定があったため商業界の賛同を得られず、取引所の設立は不成功に終わった。その後、東京では渋沢栄一らが、また大阪では五代らが株式取引条例の改正を求めたため、より実態に合わせた改定が行われ、一八七八年五月に改めて株式取引所条例が公布された。

これに先立って大阪では、五代の呼びかけによって、四月十三日に株式取引所設置のため仮会議が開かれた。五代のほか、井口新三郎《いぐちしんざぶろう》、熊谷辰太郎《くまがやたつたろう》、住友吉左衛門代理広瀬宰平、鴻池善次郎代理斎藤慶則、山口吉郎兵衛代理西田永助《にしだえいすけ》、三井元之助代理西村乕四郎《にしむらとうしろう》・平瀬亀之助ら八名が集まり、資本金出金、募集方法などを協議した。次いで発起人一〇名を定め、六月四日付で創立願書を大阪府に提出した。

五代は、設立協議会の終了後に声明を発表して、株式取引会社を「建立スルノ地歩ヲ得タリ」とし、「嗚呼已ニ此初会ノ地歩ヲ占ム、特《ひと》リ卑生ガ欣喜ノミナラズ、又同盟各位ノ栄華ノミニ止マラズ、則我人民社会上ニ於テ幾分ノ利便ヲ与ヘ、幾分ノ幸福ヲ招カシムルハ固ヨリ其所ナリ」と、率直な喜びを表明した。そして、声明文の最後を「卑生本会ヲ開クニ方リ歓喜禁ズル能ハズ」と結んでいる。米商会所とは違って、五代が株式取引所の設立に向けて情熱的に奔走していたことがよくわかる（『大株五十年史』）。

東京の株式取引所は、一八七七年十二月二十六日に創立願書を提出し、二十八日に認可されたが、定款や申合規則などは翌年五月に公布された株式取引所条例に則って改訂し、六月一日から営業を開始した。

一方の大阪株式取引所は、六月十七日に大蔵卿の認可を受けた。大阪株式取引所の資本金は二〇万円、一株一〇〇円で総株数二千株として株式を募集、発起人の一〇名と応募者一二〇名を加えて、株主総数一三〇名でスタートした。一五〇株＝一万五千円を保有した大株主は、五代のほかに鴻池善右衛門、三井元之助、平瀬亀之助、住友吉左衛門総理代人広瀬宰平、笠野熊吉の六名であった。株主名簿を掲載した創立証書を七月十日に大阪府に提出し、同十九日に大蔵卿の裁可を得たうえ、八月一日に開業した。

大阪株式取引所が設立認可を受けた翌日、東京株式取引所からの来信があり、大阪株式取引所からもこれに返信し、それぞれ取引所の制度について細目を打ち合わせている。たとえば、東京から取引所建物の図面の送付を受けて、大阪株式取引所の建物は「御地の図面と大同小異を以て新築の積」であると返信している。さらに、諸切手雛形株券などの見本も受け取っていたこと、帳簿を洋式にすること、往復書簡に番号を付けることなど、業務の遂行について具体的な打ち合わせが行われたのである。なお、大阪株式取引所の建物は、北浜二丁目の旧両替商仲間の土地を借り受け、旧建物を取り払って新築した。

4 財政政策の建議

条約改正の儀に付建言書

既述のように、一八七九(明治十二)年六月、大蔵省関税局が海関税改正にあたって外国品の景況および流通について大阪商法会議所に諮問し、同会議所は調査結果を十月に答申した。その前文で、貿易商の実際について判定したところ、輸入品は強い競争力をもっており、適正な税制改正をしなくては「我貿易ノ権衡愈其平ヲ失シ、終ニ貨物ト貨物ヲ換ルノ衰頽ヲ招キ」、どうにもならない事態になると危機感を示していた。このため、さらに詳論した意見書を認め、同時に提出した。それが、「大阪商法会議所会頭五代友厚氏より条約改正の儀に付建言書」である(『五代友厚伝記資料』第二巻)。

この建言書では、まず明治以来の外国貿易の不均衡を、わが国は「古昔より蓄積し来れる古金銀を以て之れに供せしに外ならず」と述べて、すでに古金銀は欠乏しているため、一八七八年の貿易に衰頽の兆候が現れていると指摘した。そして、現行条約と税則が適切であるために貿易の隆盛をみたという議論は、間違っていると断言している。この条約が適切であったために貿易が伸長したとする議論は、外国商法会議所が主張していたもので、仮にその議論が正しいとして、将来も現行の条約と税制を維持するとなれば「輸出入は益す不権衡を来し、資力は益す渇尽して、内国人民は輸入品を購買せんとするも、輸出品を産出せんとするも、要する所の財源既に涸乾して、之を如何ともする事能はず」と、将来を案じているのである。そして、実際の原因は輸出入の不均衡による正貨流出にあり、現今の洋銀相場の乱高下もここに由来すると結論づけた。

そのうえで、良港を開いて陸海運の便を通じること、また現行条約と税則を改正すること、つまり輸入品に増税をして貿易の平衡を維持し、歳入の増額を図ることを提言したのである。さらに、地租改正によって農民の負担を軽減したものの財政が悪化し、しかも生産者はその恩恵にあずかっていないと不公正を指摘して、輸出税を廃止すれば生産者の富が増進し、輸出品の原価を低廉にできる、その結果、輸出額は増加し、生産者も利益を得ることができるようになると、その利を説いたのである。

この建言書が、大阪商法会議所の立場から起草されたことを考えるならば、公正な主張であるといってよい。当時の日本の貿易構造は、完成品の輸入、原材料ないし半製品の輸出という後進的なものであって、主な輸出品は生糸と蚕卵紙、精銅、石炭などであった。これに対して輸入品は、既述の「海関税改正に関する答申書」で調査されている各種木綿織物と綿糸、毛織物類、砂糖、鉄類、掛時計などの工業製品であった。これでは貿易の均衡を保つことは困難で、なんらかの貿易制限措置を講じなければ輸入超過に陥ることは避けられない貿易構造だったのである。物資集荷の費用を減じ、生産者に利益が還元されるような方法を講じて製品原価を下げ、もって輸出増進を図るというこの提言は、大隈財政が導入した直輸出奨励策に比べて、一歩進んだ国内経済の活性化論であった。国内物流れるのである。

の結節点として繁栄を築いてきた、かつての大阪の栄華を取り戻したいという、五代の悲願も感じら

米納論

一八七九（明治十二）年に、海関税に関する調査と条約改正の建言をした五代の立論は、大阪の商工業者を代弁したものであったが、同時に大隈財政を支持する立場でもあった。しかし、翌年に米相場に介入したころから、五代は大隈財政に対して批判的な言説を強めていく。米価騰貴が、地主層の利益となって輸入を増加させる一方で、商工業者と士族は「禍害ニ陥ルノ惨状」を呈していると考えたのである。米相場問題がとりあえず落着した八月に、五代は米納論を執筆した（『五代友厚伝記資料』第四巻）。

米納論においても、貿易の不均衡が正貨の流出を招いているという五代の経済状況の認識は、変わっていない。しかし、大阪商工会議所の会頭としてではなく、個人の立場で書かれた米納論においては、さらに貿易の不均衡を招いた根本の原因に踏み込んで論じている。すなわち、輸出入の不均衡は「専パラ地租改正金納ノ変革ニ原由スルモノ」であって、地租改正は、今となってみれば「明治政府ガ財政上ノ大失錯ト云ハザルヲ得ズ」と断罪している。地租改正によって、農民は旧税額の約十分の一を納めればよくなり、財貨の余裕を生じたため輸入品を購入するようになって、輸入超過を招いたというのである。さらに、現米を持っている農民が、米価を釣り上げて収入を増やしているともいう。もしも政府が租税の十分の一を米納に改めて、徴収した現米で市場を操作して米価を下落させれば、農民の収入は減って質素な生活となり、このため輸入が減少して正貨の流出が止まり、紙幣価値も安

定すると論じた。

そもそも人口の六割を占める士商工一般を苦しめ、四割に過ぎない農民を優遇するのは公正ではない、農民のなかでも米価高騰で利益を得るのは、その半分の地主層だけである、と五代は主張した。しかし当時、農民は人口の七割と推計されており、農民の半分以上が自作農であったから、この五代の推論に根拠はない。士商工より農民の生活の安定を重視する経済政策は、政府の歳入源が地租に偏っていたことからも合理的であった。それに対して、商工業に課される税制は、当時は整備が不十分であったのである。

さらに五代は、農民はその職業として「艱苦ヲ忍ビ労力ニ堪ユルノ本分ヲ尽シテ、以テ其生計ヲ為ス」ものであるから、「僥倖ヲ希望シ、労苦ヲ避ケントスルノ情ヲ誘起スルトキハ」全国の財政が破綻すると、いっそう暴論に走ってしまった。それは、五代の生い立ちと、その後の活躍してきた舞台が、農村や農民の生活とはまったく乖離したものだったからで、農民の生活に対する実感も知識もなかったことが、五代をしてこのような暴論に走らせたのであろう。しかし、西南戦争後の物価騰貴で、多くの士族たちが金禄公債証書を売却して没落していったことや、また商工業にも少なからぬ打撃を与えていたことを考えると、五代の現実認識が間違っていたというよりは、むしろ視野の問題であった。

五代は、不換紙幣の償却については、償却という手段は理論的には正しいかもしれないが、現実には輸出入の不均衡を是正することにはならないとしている。また、外国と違って日本では紙幣への信頼が厚く、正貨が流通していないので、紙幣償却は「全国経済ノ通路ヲ閉塞スルノ害」が大きく、その対策としては保護税法を導入するしか道はない、という予測を展開していた。五代が米納論のなかで述べているように、当時、紙幣償却は世論となりつつあったのである。そして実際に大隈が失脚し、松方正義が蔵相に就任すると、紙幣整理が断行されることとなった。松方デフレで、多くの商工業者が苦しめられたことを考えれば、大阪の商工業を代表していた五代の主張は理解できる。しかし、デフレのなかで近代工業が根づいていった歴史からみると、この議論は目先の利害にとらわれ過ぎた感がある。

ところで、五代の米納論に真っ先に賛成したのは右大臣岩倉具視であった。八月十六日の御前会議で財政救済方法の下問があり、これに先立って岩倉が租税の全額を米納に復するか、あるいは四分の一を米納にすることで「人民驕奢ノ風ヲ矯メントスルノ説」を提案した。これに対して、井上馨は大隈の説に同意して「米納ノ全国経済ニ害アルヲ述べ」たという。そして井上は、岩倉の米納論に対する反論として「財政意見書」を著した（『世外井上侯伝』第三巻）。結局、詔勅を発して米納論を不採択とし、政争の収束が図られた。

輸出米禁止意見書と財政救治意見書

これら二つの意見書は、大阪商法会議所が一八八〇（明治十三）年十一月付で大蔵卿佐野常民《さのつねたみ》に提出したものである。同年三月に、五代が広瀬らとともに米価高騰に対抗して売り向かった顚末は、すでにみた。この過程で五代は、米価高騰の原因は貿易の入超による正貨流出と正貨の高騰、したがって紙幣の暴落にあると判断していた。米価の高騰は

「人民一般ノ禍害ニ陥ルノ惨状ヲ見ルニ至ル」ため、緊急にこれを制しなくてはならないと、問題提起したのが前者の意見書である。ここでは、米価高騰を制するには輸出米を禁じることが肝要であると論じている。なぜなら、正貨が高騰すれば米の輸出は利益をみるようになり、「其輸出ノ利益ヲ見ルニ至レバ人々争フテ輸出ヲ唱ヘ、全国ノ米価ヲシテ実貨（正貨のこと――著者）騰貴ト共ニ一層一層騰貴ノ勢ヲ呈」することになる。これは全国人民の惨状を招くことになるから、輸出米を禁止することが急務になるというのである。さらに、米価が高騰して正貨準備が涸渇すると、備荒米を積むことも、外国に食料を仰ぐことも十分にできず、結局は飢饉の際に「人民ノ飢餓ヲ救フ能ハズ」という事態を招くことになる、としている。

一方で財政救治意見書は、正貨騰貴に対する対抗策として、当時の大隈財政が導入しつつあった歳入増加によって流通紙幣の償却を進めるという財政政策に対して、異を唱えたものである。正貨騰貴の原因を輸出入の不均衡に求める論調は、輸出米禁止の意見書と同様である。しかし、前者が庶民生活の安定と備荒貯蓄米の必要性を唱えて米穀輸出を禁ずることの緊急性を訴えていたのに対して、後者は、より大局的な見地から輸出入の均衡を図る方策を提言したものである。具体的な提言の一つは、従来輸入に依存していた物品を国産化し、その製造を保護することで、そのための政策を列挙している。

まず「第一、紡績機械ヲ建設スル事」では、紡績機械を導入する事業者に資金補助をし、あるいは政府が紡績機械を購入して紡績業者に払い下げることを提案した。これは、実際に一八八二年以降、二千錘紡績への資金貸与ないし長期年賦払い下げという形で実現した。

次に「第二、砂糖ノ耕作ヲ保護スル事」は、砂糖耕作を始めようとするものへの勧業資金貸し付けと、砂糖精製器械導入への補助を進言した。しかし糖業に対しては、沖縄の黒糖などがそれなりに競争力を維持したためか、助成政策が講じられなかった。結局は、四国など伝統的な糖業地の衰頽を招いたのである。

「第三、石油坑業人ヲ保護スル事」は、十分な石油の鉱脈が発見されないなかでも、奨励策を採らなくてはいけないと述べているが、これも実際の政策にはならなかった。一方で、「第四、鉄鉱ヲ保護スル事」は、釜石鉱山と製鉄所の建設、払い下げなどで実現した。最後の「第五、各種ノ模造品ヲ保護スル事」は、具体的な内容には触れていない。

提言のもう一つは、輸出品の勧誘・増加、および生産者保護の方法であった。「第一、製糸ノ改良ヲ要スル事」では、蒸気機械を一気に導入するのは容易ではないとして、等級の改良を進め、手繰り器械などを政府が製作して払い下げることを進言している。製糸業は、輸出産業として将来が期待されていたから、すでに富岡製糸場が稼働して、伝習工女がその技術を地方に伝えていた。そして在来の製糸地帯では、蒸気機関の代わりに水車を用い、可能な限り木製の器械を工夫するなど、設備費を低減させる工夫がなされていた。六工社の例をあげるまでもなく、いわゆる器械製糸は、各地で自生的に急進展をみたのである。もっとも、この意見書が書かれた時点では、器械製糸の展開はほぼ長野県に限定されており、大阪財界には知られていなかったのであろう。

そのほかには、製茶など各種輸出品の保護、輸送手段の改善と新港の開設、道路の改良、北海道などでの農地開拓をあげている。これらは、海運業の保護や北海道開拓使の事業などとして、すでに政府が着手済みの方策であった。

さらに歳入増加のための増税については、大阪商法会議所で利害得失を検討した結果、五項目をあげ、一千万円の税収増を提案している。五項目の内容は、醸酒税およびたばこ税の増加、菓子税の賦課、新造日本船への賦課、そして新税が人民の負担にならないこと、などであった。このうち新造日本船への課税は、伝統の和船から西洋型船への切り替えを企図したものであるが、すでに西南戦争後に西洋型帆船への切り替えが進んでおり、汽船の整備は三菱会社への保護を通じて実現しつつあった。

以上でみたように提言内容は包括的であり、紡績機械の普及政策など有効な提言もあったが、その大筋は政府の認識と大差のないものであった。その一方で、紙幣整理への反対意見は、商工業者の認識を表現していて興味深い。当時政府が進めていた歳出の削減と歳入増加を図り、その差額によって紙幣を償却するという方法は、「独リ政府上ノ財政ヲ救治スルニ止マルモノ」であり、「政府ガ単ニ通貨ヲ減少スルノ法ハ、既ニ全国ノ士商工ヲ放擲セラレシモノト謂フモ、恐ラク誣言ニハ非ザル可シ」と述べている。なぜなら、紙幣の減殺によって金融は逼塞し、利子が上昇して商工者は事業を営めなくなる、さらに公債証書は価格が暴落して士族を困窮に陥れる、とその害を列挙している。松方財政の直接的な影響を、鋭く見抜いていたのである。

終章　五代友厚の生涯、果たした役割

1　五代をめぐる人びと

五代友厚と薩摩藩出身者の交友は、幼少期・志士時代からの友人、長崎海軍伝習所での交友、明治政府要人、事業関係など、多岐に分類することができる。ここでは、まず幼少期からの友人を取り上げよう。

小松帯刀・高崎正風・中井弘

五代友厚と最も親しかった人物は、小松帯刀（一八三五〜七〇年）であろう。小松は、鹿児島城下山下町の喜入屋敷で、喜入領主肝付兼善《きもつきかねよし》の三男として生まれた。五代と同年である。一八五六（安政三）年、小松家の養子となり、小松清廉《きよかど》と改名。高村直助は『小松帯刀』のなかで、両親に溺愛されなかったことが、周囲に広く配慮する性格を育んだと述べているが、寛容で雄弁、明快な人柄で、人望が厚かったという。

五代が長崎遊学中の一八六一（文久元）年一月に、小松も長崎に留学し、軍艦操作や水雷砲術を学んだ。帰郷後、小松は島津久光に才能を認められ、側役として藩政改革に活躍した。このときの部下に大久保利通がおり、五代に大久保を紹介したのは小松であろう。一方で、小松とトーマス・グラバーの仲介役となったのは、五代であった。

小松が家老に昇進後まもなく薩英戦争が勃発し、小松も指揮を執った。五代は、このとき船奉行添役として艦隊を指揮し、イギリスに拉致されたことは、すでにみたとおりである。小松はその後、薩摩とイギリスの友好に尽力し、鹿児島の攘夷派から五代と寺島宗則が狙われていたときには、上海への亡命を勧めたという。まもなく五代は久光からの許しを得て帰藩し、藩命を受けて英国留学生を組織してイギリスに渡航したが、これも小松の支持があってのことであった。

維新後、小松は外国事務掛、外国官副知官事として大坂で出仕した。五代を外国事務局判事に取り立てたのは、小松である。このころは、公務の打ち合わせや報告などで頻繁に書状のやり取りをしている。

小松が大阪で病床にあった一八六九～七〇年、五代は日ごとに小松のもとを訪れては囲碁に興じたという。幼少時から病弱であった小松が満三十四歳で早世したのち、五代は妾の琴とその娘須美を自邸の隣家に住まわせ、生活の面倒をみた。一八七四年に琴が亡くなったあと、小松の正妻である近（千賀）は、須美が世話になったことについて「ありがたく、厚ふ厚ふ御礼申上まいらせ候」と、五代に鄭重な礼状を送り、須美を引き取りたいと申し入れている（『五代友厚伝記資料』第一巻）。このように、小松と五代とは公私にわたる親交があったのである。

高崎正風（一八三六～一九一二年）は、明治維新後、宮中の御歌掛なども務めた薩摩出身の著名な歌人である。島津久光に重用されて、幕末の京都で公武合体にむけて活躍し、会津藩との同盟を成功させる功をあげたが（町田明広『幕末文久期の国家政略と薩摩藩』）、おそらくそのころ五代の知己を得たのであろう。高崎は、武力倒幕に反対して西郷などと対立し、明治初年は鹿児島に蟄居していた。五代とは、もっぱらプライベートな付き合いが多く、五代が一八六九年に最初の妻坂元トヨと離婚する際には、高崎が鹿児島で奔走して解決に持ち込んだ。一方で五代は、高崎が京都に残した妾とその子を大阪に引き取って生活の面倒を見たのち、鹿児島へと送り届けた。

また中井弘《なかいひろし》（桜洲《おうしゅう》）も、薩摩藩の欧化主義を代表する一人である。五代より四歳下で、五代と同じく藩校の造士館で学び、一八六六（慶応二）年にはイギリスに密航して英語を学んだ。帰国後は大阪の外国事務局において、各国公使応接掛として五代の下で活躍し、イギリス公使パークスの襲撃事件など、物情騒然たるなかで五代と行動をともにした。その後も、寺島宗則らと外交で活躍している（犬塚孝明『明治外交官物語』）。

トーマス・グラバー　トーマス・グラバー（一八三八～一九一一年）は、スコットランド・アバディーン郊外の漁村に生まれた。二十一歳のとき上海に渡り、ジャーディン・マセソン商会に入社し、開港まもない長崎にやってきた。その後、独立してグラバー商会を開き、武器や艦船の密輸入に暗躍した。五代は、長崎遊学中からグラバーと親交があり、彼が薩英戦争でイギリス艦に拉致されたあとは、長崎でグラバー邸に潜伏していた。

五代が、貿易の振興によって近代技術を導入するという自由貿易の思想を強く持つに至ったのは、グラバーの影響によるところが大きかった。またグラバーも、五代の先見性に富んだ柔軟な思想と行動に好意を抱いて、助力を惜しまなかったという。

思想的な共感だけではなく、両者は貿易活動においても協力して多面的な活動を展開した。五代は、グラバーを通じて薩摩藩の名義で艦船を輸入して西南雄藩に売り捌いた。また、薩摩藩が仕入れた繰綿を、グラバー商会が上海に輸出した。

グラバーは、長州の桂小五郎、高杉晋作、土佐の坂本龍馬など多くの志士をかくまったり、イギリス公使パークスと薩長両藩との間を取り持ったり、また公卿や志士たちの留学を援助した。薩摩藩の英国留学生ばかりでなく、長州の井上聞多や伊藤俊輔も、グラバーの手配でイギリスに留学した。グラバーは、雄藩の軍備充実や近代化資金の調達、人材育成に大きな貢献をしたのである。

明治維新後は、肥前藩とともに高島炭鉱を開発し、また五代や小松とともに長崎・小菅に修船場を建設するなど、事業家への道を歩んだ。五代も、造幣寮の造幣機械購入などでグラバーの助力を得ていた。しかし、グラバーが輸出許可のない商品を大阪から積み出したときには、イギリス副領事あてに告発と抗議文を提出するなど、外国事務局判事としての五代は、外国人の不正を厳しく取り締まり、情実にとらわれない行動を旨としていた。

結局グラバーは利権の獲得に失敗し、一八七〇年にグラバー商会は一〇万ドルの借金を抱えて破綻した。その後、トーマス・グラバー自身は、三菱の経営に移った高島炭鉱に関わり、また三菱財閥の相談役となって、日本の外国人社会で絶大な人望を築いた。なお、グラバーの妻ツルは、プッチーニのオペラ「蝶々夫人」のモデルになったといわれているが、大阪の芸者出身で五代の紹介であったという。

永見伝三郎・米吉郎と堀孝之・岩瀬公圃

永見伝三郎は、長崎の豪商「永見屋」の新宅永見家の当主、米吉郎はその弟である。永見屋は薩摩藩の御用商人でもあったから、五代が一八五七（安政四）年に海軍伝習所の伝習生として長崎に来たときから、伝三郎の世話になったはずである。五代が、英艦の捕虜となって潜伏生活を余儀なくされたときは、永見家に一時かくまわれたこともあった。その後、五代は長崎を拠点に商活動を展開するが、伝三郎は陰に陽に彼を支援した。五代の帰国後も、開運丸による藩際貿易の扱い商品として、米穀を斡旋した。さらに、五代が大阪に拠点を移すにあたっては、米吉郎を大阪に派遣し、大川町御堂筋に永見商店を開設した。また、一八七三（明治六）年に弘成館を設立したときには、波江野休右衛門、堀孝之、岩瀬公圃、久世義之助らとともに、永見米吉郎も共同経営者として参画した。

なお永見伝三郎は、一八七二年に松田源五郎《まつだげんごろう》とともに永見松田商社（のちの立誠社）を起こしている。同社は、九州地方で初の近代商業銀行といわれ、一八七六年に国立銀行条例の改正に伴って、立誠社から第十八国立銀行へと改組した。

堀孝之は、古い長崎のオランダ通詞の家柄だが、曾祖父の堀門十郎《ほりもんじゅうろう》（静衛）が寛政年間から江戸に出て薩摩藩に仕えた。父の達之助《たつのすけ》は、アメリカ使節ペリーが浦賀に来航したときの通訳を務めたが、その次男が孝之で、長崎で英語稽古通詞の勉強をしているときに、五代と知り合ったと思われる。そして遣欧使節の通訳となり、五代と行動を共にした。五代の帰国後は、薩摩藩の藩吏として長崎で五代の活動を助け、五代の下野後も、堀は通訳として、あるいは五代の事業のパートナーとして、大阪にあって五代の片腕として活躍したのである。五代の没後も、借財整理などにあたり、最後まで五代のために献身的に働いた。

岩瀬公圃もオランダ通詞の出自である。五代が小菅ドックを建設するにあたり、堀をグラバーなどとの通訳に使い、岩瀬を現場監督にあたらせた。その後は、大阪に出て弘成館の事業に参加し、東弘成館の設置にあたって東京に移り、鉱山事業を仕切った。東弘成館の一角に岩瀬の屋敷を設け、五代はそこを東京での滞在先として使ったという（川崎晴朗『築地外国人居留地』）。

岩瀬も堀も、五代の片腕として最後まで五代の事業に貢献した。五代龍作は、彼らについて「波江野休右衛門は強直にて胆略あり、堀孝之は謙譲にして慎重、岩瀬公圃は寛裕にして質実、永見米吉郎は温厚にして和易、久世義之助は鄭重にして緻密、皆克く衆望を聚めて君の事業を補佐せり」（『五代友厚伝』）と、それぞれの人物・性格を描写している。波江野休右衛門は鹿児島の町年寄であったが、明治維新後は実業界に参加し、弘成館の幹部として鉱山経営にあたった。久世義之介は造幣寮の舎密家で、のちに金銀分析所の事業に専従した久世治作の子息である。五代の事業は、このようにほとんど長崎の人脈で支えられていた。

モンブラン伯爵

ヨーロッパ視察中の五代に、モンブラン伯爵が積極的に近づいて、ベルギーやフランスの視察を案内し、またパリ万国博では薩摩藩の出展を推進したことは、すでにみたとおりである。モンブラン伯爵は、一八三二年ベルギー・インゲルムンステルの生まれで、フランスの伯爵家を出自に持つ。高橋邦太郎は「容貌まことに優れ、挙措優雅、弁舌をよくし、文筆の才があり、人類学・考古学・史学・地理学・語学に造詣深く、少壮学者として相当に認められていた」（『チョンマゲ大使海を行く』）と書いている。幕府使節がパリに来たのをみて日本に興味を抱き、ごく短期間日本に遊学して『日本事情』二巻を執筆した。この書は、フランスで本格的な日本研究の著作と評価されたといい、優れた才能の持ち主であったことは間違いない。

五代とは意気投合したようで、ベルギーのブリュッセル滞在中にモンブランと商社設立の条約を締結した。しかし、この条約を下敷きとして、薩摩藩と本格的な条約を締結しようと来日したモンブランは、薩摩藩にとっては招かれざる客であった。当時の薩摩藩は、グラバーとともに琉球貿易の計画を推進しており、他方でフランスは幕府との協調を強めつつあった。グラバーにとっては、モンブランは商売敵であり、薩摩藩との共同事業を妨害する相手と映ったのであろう。グラバーは、のちにモンブランのことを「非常にいやな奴でありました」と語っている（『史談会雑誌』）。こうした状況に五代は板挟みとなり、御用人席外国掛の辞職を申し出たことは、既述のとおりである。

その後、五代は外国事務掛になると、モンブランにたびたび外交問題で意見を徴するなど、モンブランに活躍の場を与えた。しかし、電信設置などで利権を得ようとする行動に対しては厳しく対応したため、モンブランは「冒険貴族」としての成果を上げることはできなかった。ここでも、五代は正義感を発揮し、情実に流れることはなかったのである。

フランスに帰国後、モンブランは明治政府から総領事兼代理公使に任じられ、パリに公館を開設した。ちなみに、のちに日本の殖産興業政策の推進役となった前田正名は、留学時代にここで雇われていた。モンブランは、一八七〇年に日本公使館が正式に開設されるまで、外交事務を代行したのである（犬塚前掲書）。退官後は、日本文化研究会を組織して一日本研究家として余生を送り、日本の紹介に貢献したが、一八九三年パリで亡くなり、インゲルムンステルの居城の礼拝堂に葬られた。日仏友好に果たしたモンブランの功績は大きく、日本の外交史でも評価されている（高橋前掲書）。

薩摩文勲派と桂久武

薩摩藩には、西郷隆盛を中心とする武勲派と呼ばれた一派があり、明治維新の武功を誇って、武力倒幕に参加しなかった文勲派と対立していた。両者の対立は、大久保利通が岩倉使節に参加して海外にでかけたときに、西郷らの留守政府が征韓論を唱えたことから激化した。帰国した大久保が征韓論を廃止に追い込んだため、西郷ら武勲派は帰藩し、鹿児島で藩論をまとめて、明治政府の徴士となった人々に帰藩を促した。大久保は一八六九（明治二）年二月、勅使柳原前光《やなぎわらさきみつ》に随行して帰藩したが、その際、五代に船の手配を依頼して大阪から海路鹿児島に行き、島津久光と藩政改革を協議した（『五代友厚伝記資料』第一巻）。その後も、大久保たち新政府官僚に対する鹿児島武勲派の反感は続いた。

五代に対しても、薩英戦争で捕虜となって以来、武勲派からの糾弾が続いていた。そのうえ、五代は明治維新後に官途に就き、民間に転じたのちも大久保政権と密着していたため、武勲派からの反感はさらに増幅されていた。高崎正風が、その書簡で「近来、徴士先生達の不評判、十に八九は驕奢尊大の二に帰し候哉」「凡俗嫉妬ノ情より相起候義」と書いて、新政府で活躍する薩摩藩出身の徴士に対する武勲派の反感はいわれのないものであるとしつつも、「君の名モ随分高く候故、御油断は難相成候」と、五代に忠告したほどであった（一八六九年三月九日付五代あて高崎書簡『五代友厚伝記資料』第一巻）。

五代は、若いころから薩摩の旧弊を嫌って長崎、ヨーロッパ、大阪に活動の場を求めていたから、このような鹿児島の情勢には無関心であった。西郷隆盛をはじめ、私学校を拠点とする武勲派の桐野《きりの》利秋《としあき》、村田《むらた》新八《しんぱち》、篠原国幹《しのはらくにもと》らとはほとんど交友がない。国元の薩摩藩士からは、まったく浮いた存在だったのである。

そのなかで、唯一頻繁に交流していたのは、元家老の桂久武である。五代が、鹿児島の羽島金山・芹ケ野金山などを入手しようと画策し始めた一八七四（明治七）年以降、桂はその相談役・交渉役となった。そして、五代に正確な情報を筆まめに伝えていた。地元で金山の経営に当たっていた祁答院《けどういん》重之《しげゆき》（五代の妹信子の夫）にとっても、桂は頼りになる相談相手であったろう。大阪市立大学に、桂久武文書が保存されていることも与って、桂と五代との、一八七三年から七七年一月まで足掛け五年にわたる往復書簡のうち、一三通が『五代友厚伝記資料』第一巻に所収されている。いずれもその内容は、鹿児島の鉱山や（奄美）大島での製藍についての業務連絡といったものであるが、それらによって鹿児島における探鉱、鉱山買収、経営など、五代の鉱山事業の詳細が明らかになるのである。

ところで、鹿児島の武勲派と明治政府の対立は、一八七三年の政変で西郷が郷里に籠るようになって、さらに激化した。そしてついに一八七七年二月、西郷を盟主に立てて西南戦争が勃発した。桂久武は、西郷軍の出陣を見送りに行ったところ、そのあまりに貧弱な装備に驚き、直ちに参戦を決意したという。同年九月、桂は鹿児島の城山で流れ弾に当たって戦死した。

大久保利通

一八七八(明治十一)年五月、東京麹町清水谷の自邸を出て参内途中の大久保利通が、紀尾井坂で自由民権を主張する暴漢に襲われ、刺殺された。そのとき、五代は築地新栄町の自宅で朝食中であったが、「しまった」と叫んで玄関に飛び出したという(五代龍作『五代友厚伝』)。五代は、大久保からの仕官の要請は頑なに辞退していたが、そのぶん大久保の相談に応え、助力を惜しまなかった。このため、世間からは「大久保の知恵袋」と呼ばれ、二人の間には強い信頼関係があった。

大久保との面識は幕末からあったと思われる。明治初年に、五代が大阪で外国官に出仕していたころは、参議であった大久保利通から外国船の手配を依頼されたりしている。しかし、両者が親交を結ぶようになったのは、大久保が欧米視察から帰国したのちであった。すでにみたように、一八七五年一月の大阪会議では、年末から大久保と木戸孝允の面会のセッティングに協力し、黒田清隆や吉井友実《よしいともざね》を大阪に呼んで大久保の接待に当たらせるとともに、自邸を大久保の宿に提供した。大久保は、木戸や伊藤博文、板垣退助などとの会談の合間には、五代や吉井友実と頻繁に囲碁を囲み、あるいは税所篤も交えて名勝旧跡を訪ねたり、有馬温泉での湯治や八幡山での狩猟など、常に五代と行動を共にしていた（『大久保利通日記』）。大久保にとって狩猟は初めての経験であったが、大いに気に入ったようで、「遊猟は第一健康の為、不可廃義と相進め」吉井友実、三条実美、岩倉具視などに勧めて回ったと、五代、税所あての礼状で述べている。大久保が五代邸に滞在した五〇日間で、両者の間は一気に近くなったのであろう。横浜に帰着しての第一報には、「以御蔭一時の愉快を尽し、地獄のステーション迄来て見れバ一夢のさめたる心持、御憐察可被下候」とあり、謹厳といわれる大久保のユーモアに富んだ一面をみることができる（『五代友厚伝記資料』第一巻）。

大久保の暗殺後、五代はすぐにパリの松方に事件を伝え、伊藤が内務卿になったことなどを報せるとともに、できるだけ早く帰朝するよう促している。そして「大久保の遺志を貫く事、御尽力只管渇望仕候」としながら、「百事の枢機会を央にして兇変ニ至候義、実に国家の不幸、嗚呼、過ル十四日は、如何なる凶日ぞや（中略）生ある中に人事を不尽ば、死て後は人情の如斯。嗚呼、切歯ニ不堪なり」と、早くも表裏を翻す輩が現れたことへの無念の心情を披露している（五月一六日付松方あて書簡）。大久保は五代を「無二の盟友」としていたが、五代にとっても大久保は「無二の盟友」だったのである。

黒田清隆・税所篤・寺島宗則・松方正義

薩摩藩士で五代と親交があったのは、まず同じ方限《ほうぎり》で五歳年少の黒田清隆であろう。方限というのは、薩摩藩の武士階級の教育システムで、四〇〜八〇戸を単位とする方限ごとに少年たちが生活や遊び、勉学を共にすることによって心身を鍛え、礼儀や武芸を磨き、学問を向上させた制度である。大久保利通を大阪でもてなした吉井友美は、大久保と同じ方限であり、その同じ方限から西郷隆盛、村田新八、西郷従道、大山巌《おおやまいわお》、税所篤などを輩出している。黒田は、のちに北海道開拓使長官となり、北海道の開拓に努めた。しかし、一八八一（明治十四）年には開拓使官有物払い下げ事件で、薩長閥と肥前の大隈との政争に巻き込まれ、五代とともに世間の批判にさらされた。その一年前には、五代の米納論を「一世一振の明法」と評価し、その実現に奔走している（『五代友厚伝記資料』第一巻）。

税所篤と五代との交流は、長崎海軍伝習所時代に始まったようである。税所は、西郷を通じて大久保を知り、島津久光に大久保を推挙したことに始まって、大久保とは公私にわたって近かった。このため、五代とも公私にわたる交流が密であったことが、往復書簡から知られる。税所が堺県令であったときには、五代の阪堺鉄道敷設の企画に対して、税所は側面援助を惜しまなかった（『五代友厚伝記資料』第一巻、第三巻）。また、大久保が霞ヶ関に私邸を建てたときには、税所が五代から三千円を借りて大久保に貸したと伝えられており、五代、税所、大久保、三者の親しい関係がわかろう。

寺島宗則（松木弘安）は元蘭医であったが英語をよくし、薩英戦争ではイギリスとの交渉役として、五代の指揮する天祐丸に乗船しており、共に拉致されることになった。五代は半年後長崎に戻り、寺島は江戸に残ったが、その後、薩摩藩の遣欧使節に抜擢されて再び五代と行動を共にした。明治維新後、寺島は外交畑を歩み、大久保を挟んで五代との交流が続くが、私的な交友は少なかったように思われる。

松方正義は五代と同年の生まれで、藩校の造士館では一年後輩であった。松方は島津久光の側近に取り立てられ、一八六六年には御船奉行添役となるが、その当時、五代は薩英戦争後の潜伏に引き続いて留学生を率いて渡欧しており、ほとんど鹿児島には不在であった。親しく交流するようになったのは、松方が租税権頭となって大久保の下で地租改正に取り組み、大蔵官僚の道を歩みはじめた以降であろう。松方から五代あての書簡は、大久保との仲介のようなものが多く、大久保の動静は逐一、松方から五代に報告されていた。大久保の死後は、大蔵省との接点としてなにかと交渉が続いたようだが、松方の財政政策に五代が批判的であったことは、前述のとおりである。

そのほかにも、渡欧組では元家老の新納刑部、森有礼《もりありのり》（外交官、東京商法講習所を設立）、吉田清成《きよなり》（大蔵少輔、駐米公使など）らと、また官僚では野村宗七（長崎県知事など）、得能良助《とくのうりょうすけ》（大蔵省印刷局長）らと交流があった。

実業界の人脈

実業界には、当然ではあるが、五代の関係者は極めて多数おり、往復書簡も多い。しかしその大半とは実務的な交流であって、すでに事業展開の各章で触れた。ここでは、公私にわたる付き合いのあったと思われる人びとや、五代が特別に深い関わりを持った人びとを取り上げたい。

事業活動を通じて交流がとくに深かったのは、大阪商法会所の副頭取であった広瀬宰平と中野梧一である。広瀬は、住友総理代人であり、住友の信用と資本を背景に、大阪経済界のトップリーダーであった。広瀬は、一八七八（明治十一）年の大阪商法会議所副頭取をはじめ、翌年の大阪株式取引所副頭取、米相場への関与、八二年の関西貿易社の副総監、大阪製銅会社社長と、五代が関係する多くの事業で要職にあった。広瀬が、関西貿易社の対中貿易に関連して北海道視察に出立する際、五代は大隈重信や東京馬車鉄道の谷元道之、種田誠一に広瀬を紹介する書簡を認めているが、そのなかで広瀬について「同人儀は左右の腕と存居候ものニ付」と述べたうえで、広瀬は「砿業ニ明キものニ付、後日の御参考の為半田山実況を検査」するよう依頼したと付言している（一八八一年四月九日付大隈重信あて書簡、『五代友厚伝記資料』第一巻）。五代の広瀬への信頼が厚かったことがわかるのである。

中野梧一は旧幕臣であって、五稜郭で官軍に降伏・投獄されたが、釈放後は官途に就くことができた。しかし実業に身を置きたいと辞職し、米相場で巨富を積んで、藤田伝三郎と共に藤田組を起こした異色の人である。五代とは大阪商法会議所副会頭として、また米相場への共同介入で、事業を共にした。中野は、五代にあててこまめに商況報告を認めており、東京に滞在することも多い五代にとって、大阪の重要な情報源であったと思われる。さらに鹿籠金山買収の際には、五代、中野と杉村正太郎の三名で大阪同盟会社を作って鉱山を買い受け、中野が現地で指揮をした。しかし、その最中の一八八三年九月、中野は大阪今橋の自宅で猟銃自殺を遂げた。

笠野熊吉は佐賀商人の出で、佐賀藩士が開拓使に多く奉職していた関係から、笠野も開拓使御用商人となり、一八七六年の広業商会設立の発起人に名を連ねた。米相場や洋銀相場も張っていたといい、大阪株式取引所の筆頭株主の一人でもある。五代は清国貿易に関心を寄せていたが、主な輸出品となる昆布の調達のため、北海道貿易に着目した。広業商会はそのための組織であり、事実上五代の事業の一つであったという。笠野は薩摩商人であるとの説もあり、五代との接点が広業商会以前にあった後見人ともなったのである。

可能性もある。いずれにせよ笠野は、北海道の昆布業や米相場、洋銀相場などについて五代に報告をし、手先となって動いていた。このため笠野が死去した後、五代は広業商会を引き受け、その遺児の後見人ともなったのである。

起業家たちへの助力

笠野熊吉に限らず、五代は周囲の人びとの面倒をよくみている。イギリス艦から解放されたあと、五代は熊谷在の吉田六左衛門にかくまわれたが、その恩を忘れずに養子吉田市十郎《よしだいちじゅうろう》を取り立て、のちには半田銀山の鉱長にした。また金銀分析所設立の際に出資をし、古金銀の購入に助力をしてくれた両替商「紀の庄」こと紀伊国屋庄三郎（九里正三郎）に対しては、その甥である九里龍作に学資を出して勉強をさせ、のちには養子に迎えて五代の事業の後継者とした。五代龍作である。そのほか、永見米吉郎や堀孝之、岩瀬公圃などは、長崎で五代との交流があり、その後、五代の事業に抜擢されて、最後まで活躍の場を与えられた。また、宇和島藩士の出であった土居通夫《どいみちお》は、藩主の伊達宗城《だてむねなり》が外国事務を管掌すると外国事務局大阪運上所に勤務し、五代の部下となった。その後、土居は官途で出世したが、五代の推薦で官を辞して鴻池善右衛門家の顧問となり、事業家として活躍したのである。

一方で、五代は自らの事業拡大については執着心が薄く、周囲の野心ある人たちに起業のきっかけを与えた。五代が、半田銀山の技師長に調査をさせていた小坂鉱山は、同鉱山の経営に関心をもつ藤田組に調査資料を渡して経営権を譲った。また小野組破綻後、官営になっていた秋田県の阿仁・院内鉱山は、五代が稼行を希望していたが、小野組番頭の古河市兵衛の、主家を再興したいという熱意を買って、稼行願を取り下げた（五代龍作『五代友厚伝』）。

さらに、薩摩出身で東京築地に造船所を開設した川崎正蔵が、兵庫に兵庫川崎造船所（のちの川崎重工業）を設立すると、多額の融資をしてその育成に尽力した。川崎は、幕末に鹿児島の豪商浜崎家の長崎支店番頭をしていたが、東京・築地に川崎造船所を開設するときには、松方正義などの支援を得ており、このころから五代とも知己を得たのであろう。いずれのケースも、五代はみずからの事業拡大よりは、若い起業家の富国強兵に資する志を重くみて、快く事業を託したり支援したりしたのである。

大阪商法会議所の設立も、維新後沈滞していた大阪経済を立て直したいとの一念であったから、その議事においては、五代はみずからの意見を脇に置いても、大阪の商人たちの意見をとりまとめ、その議論の過程で近代的な方向へと教導している。

こうした五代の行動様式は、多くの人脈を実業界に築いていった。渋沢栄一、田中市兵衛、三野村《みのむら》利左衛門《りざえもん》、藤田伝三郎、伊庭貞剛《いばていごう》、雨宮敬次郎《あめみやけいじろう》、岩崎弥太郎など、東京や大阪で時代を代表する多くの実業家らと交流していたのである。

家族と私生活

「五代という男は商人として随分茶々無茶な男で、服装などは一向おかまいなし、常着などの着物も煙草の吸殻で穴だらけ、洋服といえば夏季と冬季を一着宛、飛白の単衣に兵児帯をぐるぐる巻き付け、羽織も着けずそのままふらりと外出するといった風。（中略）飲食の欲は極めて淡然としていて、洋食は大の嫌い、精の強い泡盛に、肴は何時も紋切型の薩摩煮、来客の思惑も考えず、無闇に薦めて自分は舌打鳴して澄していた」と、横山源之助は五代を描写している（宮本又次『五代友厚伝』による。原典は横山『日本金権史』）。

若くして渡欧し、グラバーをはじめ外国人との付き合いも多かった五代であるが、横山源之助が描いたように、身なりや嗜好については他人の眼に無頓着で、薩摩人の気風を強く残していたようである。その一方で、性格は極めて剛直果断、弁舌に長けており、天下国家を論じて飽きなかった。また正義感が強く、私的な損得よりは大局でものを考えるため、私的事業の営利には頓着がなく、そのために借財も多かったという。

五代友厚は、一八六七（慶応三）年四月、藩公から鹿児島郡坂元村坊中馬場二番邸を賜り、坂元氏の娘トヨと結婚した。その前年に、五代は御用人席外国掛として長崎勤務を命じられ、さらに「開聞」船長として京阪方面で薩長志士の活動を支えていたから、鹿児島にはほとんど帰郷しなかった。母の死後、一八六九年に五代はトヨと離婚する。この仲介をした高崎正風は「始より君迎妻の念ナク唯病身の老母公頻ニ御促の事ゆえ」と話して、離婚の取りまとめに成功したという（『五代友厚伝記資料』第一巻）。

翌年一月に、五代は大阪で菅野豊子《すがのとよこ》と再婚した。豊子は、大和国式下郡八尾村常盤町の菅野庸司《ようじ》の長女で、森山茂《もりやましげる》の妹であった。森山は、茂の養家の姓である。森山は、一八六九（明治二）年に外国官書記に任じられ、当時大阪府判事であった五代の部下となった。五代の死後、元老院議官となり、最後は貴族院勅選議員を務めている。

五代と豊子との間に子供は生まれず、妾腹の子供たちを入籍した。長女武子は、一八七一年生まれ、東京・両国橋の松田屋の女中であった大谷勝子との娘、次女愛子も勝子の娘で一八七六年生まれ、製藍業にちなんで、通称藍子と呼ばれた。一八八一年に京都で生まれた三女芳子は、のちに土居通夫の養女となった。四女久子は一八八二年生まれで、母は細見ハツ。その後、一八八三年に東京日本橋の芸者鈴木ヒデとの間に秀夫が生まれ、一八八五年には妾の蔦本品江との間に友太郎が生まれた。友太郎は、検事長野村維章《のむらこれあき》の養子となった。また同年、細見ハツに友順が生まれたが、夭逝している。

豊子夫人については、五代龍作が「人と為り貞淑温良、君に仕えて内助の功尠からず、君の在世中公私各方面と往復せる書簡は悉く是を整理して篋裡に蔵め、其篋実に十有八の多きに達せり」と記している。書画をよくしたようで、五代との合作の作品も残されている。

住居と趣味

五代友厚は、一八六九（明治二）年七月に官を辞し、大阪東区梶木町五丁目（現 中央区北浜四丁目・五丁目）に居を構えた。その翌年、豊子と結婚して備後町二丁目に仮住まいしたあと、平野町に移っている。一八七一年十二月には西区靱北通二丁目（現 大阪科学技術センター）に移転し、一八八四年までここが五代の生活拠点となった。広大な屋敷で、同じ敷地内に妾宅もあったという。一方で、事業の本拠地となったのは、一八七三年に北区堂島に設立した弘成館であった。

翌一八七四年には、東京に東弘成館を設置した。築地鉄砲洲の東京貿易商社の跡地を借り受け、建物を買い取り、東弘成館としたのである。東京貿易商社は、通商司の指導のもとで三井組によって設立された通商会社であったが、一八七〇年には東京開商会社と改名して海運橋兜町に移転していた。その後、限月米取引を許可されて取引業務を行っていたが、一八七四年には廃止されたという（『稿本　三井物産株式会社一〇〇年史』）。同社の設立時の所在地であった築地鉄砲洲の地所は、約一万八千平方メートルと広大であったため、五代は三区画のうち一区画を東京府に返却し、その他の部分も分割・転貸し、残りの土地に岩瀬公圃の邸宅を設けて、五代も滞京中の住居として使っていた。転貸していた土地には、一八八二年から耕牧舎が入居し、牧舎と搾乳所、店舗を開設して牛乳を販売していたという（武田尚子『ミルクと日本人』）。当時の築地には、のどかな風景がまだ残っていたのであろう。

一八八三年には大阪の本宅の新築を計画し、大阪中之島一丁目二六番地（現　日本銀行大阪支店）に土地を購入した。元島原藩蔵屋敷で周囲二町四方といい、四万平方メートルを超える広大な土地であった。五代は、堀孝之や岩瀬公圃を相談相手に、みずから設計図を書き、木材は和歌山に注文、唐木は黒田清隆の紹介で東京・本所の材木問屋丸山伝右衛門《まるやまでんえもん》に注文した。秋に建築に取りかかり、翌一八八四年秋、新邸が竣工した。母屋は総ヒノキ造り、洋館一棟、土蔵三棟からなっていた。一八八五年一月には、同じ敷地内に弘成館の新店舗も落成した。

五代は囲碁を好んで、小松帯刀や大久保利通などとしばしば碁盤を囲んでいた。当時は、囲碁は趣味であると同時に社交の場でもあったようで、五代は大隈重信に囲碁を学ぶよう忠告している。また乗馬も楽しんでおり、志士時代ばかりではなく在官時代にも、事件処理に乗馬で臨んだ。下野後は名馬を求めて飼育し、乗馬にも馬車の挽馬にも用いていた。さらに舶来の猟銃を持ち、狩猟も楽しんでいた（『五代友厚伝記資料』第一巻解説）。既述のように、大久保が狩猟の楽しみを知ったのは、五代と行を共にしてからであった。

2　五代友厚の逝去

晩年の五代

五代はもともと身体強健な人で、幼いときから医薬に親しんだことはない、と豪語していた。酒もたばこも好み、酒豪でもあったという。しかし、一八八〇年ごろから心臓病の兆候を感じ、みずから警戒するようになった。医師からは酒・たばことも禁じられ、五代自身も養生に努めていたというが、それでも精力的な事業活動を止めることはなかった。むしろ、このころから盛んに米相場を張ったり、政府への意見書を書いたりしており、さらに大阪製銅会社を起こし、また関西貿易社のため北海道視察に赴くなど繁忙な日々を過ごしていた。一八八二（明治十五）年正月からは、初めて禁酒を守って過ごしたというが、四月に機関紙『大東日報』を創刊するために原《はら》敬《たかし》が訪問してきたことから、再び飲酒するようになって、病状が悪化した。胸が締めつけられるような痛みを覚え、食欲も減退し、目もかすむようになって、医師からは高血圧性心臓疾患と診断され、手当てを受けた（小寺正三『企業家五代友厚』）。この時五代は四十六歳、おそらく高血糖に起因する狭心症と網膜症とを発症したのであろう。

その後、一八八四年十一月に、大阪・靱北通りの旧宅から新築なった中之島の邸に引越し、弘成館が竣工すると園遊会を開いて、お披露目をしている。しかし、その間に病状は進行し、一八八五年の初めには東京・築地の別邸で眼病を発症し、糖尿病が進行した。五代は、療養のため同年六月に帰阪し、大阪府立病院の院長吉田顕三《よしだけんぞう》、緒方拙斎《おがたせっさい》、高橋正純《たかはしまさずみ》、高橋正直《たかはしまさなお》など、名医の診察を仰いだ。四人の医師による一致した診断は、心臓病に糖尿病も再発しており、長期の療養を必要とするというものであった。しかし五代は、その処方に従わず、弘成館や朝陽館に出かけたりしていたが、糖尿病がさらに悪化して視力が衰えたことから、ついに自宅に居ることが多くなった。家に籠って絵筆をとり、若いころから得意であった竹を題材とする水墨画や書に没頭していたという。その生涯を通じて、五代は多くの書画を遺している。

一八八五年七月、大阪に来た松方正義が、五代の病状を聞いて心配し、帰京すると海軍軍医総監の高木《たかぎ》兼寛《かねひろ》に相談して、下阪の折に彼を診察してくれるよう依頼した。松方は、五代にあてて「何卒、

五代友厚の手になる竹の絵

一応同人の診察御請ケ相成、同人の指図ニ由リ御上京ノ処、御決着有之度、只管祈望仕候」（七月二十三日付五代あて松方書簡『五代友厚伝記資料』第一巻）と書き送っている。高木総監は、五代にとっても同郷の人であり、心安かったのであろう。高木は、鹿児島開成学校で医学を修めたのちイギリスに留学し、のちには東京慈恵会医科大学を設立している。当時、陸海軍では脚気が深刻な病気として問題になっていたが、高木は、その原因がビタミン不足であると判断し、海軍では食事を改善して脚気による死者を出さなかったことで有名である。ちなみに、森鷗外《もりおうがい》が軍医を務めた陸軍では、伝染病説をとっていたため、脚気によって多くの死者を出した（松田誠『高木兼寛伝』）。

高木総監は、下阪した折に五代を診察して、極めて憂慮すべき状態であることを本人に告げ、東京での療養を勧告した。その勧めに従って、五代は同年八月に上京した。一カ月ほどは容態も安定しており、時には築地の自邸近傍を散歩していたという。このころの五代は、言動は常日頃と変わることがなく、周囲からはそれほどの重病人とは見えなかったらしい。九月十七日に、内閣顧問の閑職に就いて不遇をかこっていた黒田清隆を元気づけようと、黒田を誘って本所の丸山伝右衛門を訪ね、酒食をともにした。その帰途には、酒癖の悪い黒田をなだめすかして連れ帰っている。そして、その夜から五代の容体は急変したと伝えられている。

五代友厚の逝去

このとき高木兼寛は、陸軍軍医総監橋本綱常《はしもとつなつね》と昼夜交代で五代の看護にあたったが、九月二十日には危篤状態に陥った。危篤の状態にあって、五代は本籍を鹿児島から大阪に移した。かねてから大阪を終焉の地と決めていたのである。

五代危篤の報が伝わると要人の見舞客が引きも切らずあって、黒田や松方のほか、西郷従道、税所篤、森有礼などは、毎日のように見舞いに訪れたという。「他の勅奏任官及び遠近の紳士紳商日々来訪、車馬絡繹門前市を為す」という状態で、邸内では豊子夫人、森山茂夫妻、田中市兵衛、土居通夫、九里龍作、堀孝之、岩瀬公圃、波多野央、前田正名、谷元道之、種田誠一などが、昼夜交代で枕頭に坐していた。

九月二十二日午後六時二十分、黒田、松方、吉井、森、税所が後嗣のことを議し、松方が代表して五代から遺言を聞き取った。五代の家の事業については、種田、谷元、土居、岩瀬の四名が相談して取り計らうこと、森山茂も相談に与らせること、娘武子の養子については五代の所存の通りに取り計らうこと、などがその内容であった。五代は、すでに龍作を後嗣として養育・教導してきており、本人が応じるならば長女武子の配偶者にと望んでいたのである。五代の遺言は、森山が書き記した。五代は「唯今にては何も心配なきやうになれり」と応じて、そのあと昏睡状態となった（『五代友厚伝記資料』第四巻）。五代が逝去したのは九月二十五日午後一時、時に満五十歳九カ月であった。

薩摩の旧習に倣って、五代の逝去に伴う諸般の処理事項は、すべて同じ方限であった森有礼に委ねられた。森からは「谷元・種田心得方」として、次のような事業整理の基本方針案が示された。

一　五代借金ノ貸主ニ談ジ、及ブ丈ケノ寛待ヲ得ル事
一　五代ノ死ヨリ、商況ニ悪キ影響ヲ起サザル様、及ブ丈ケノ力ヲ尽クス事

一　五代事業ノ継続ニ付、法律ト条理ノ許ス限リハ、之ヲ整理拡張スルノ見込ヲ立ル事

右ノ趣ニテ種田へ申諭可然ヤ

（明治十八年九月）二十九日　　　　　　　　　　（森）有礼

西郷（従道）殿

松方（正義）殿

大山（巌）殿

川村（純義）殿

これによって五代の死後、かなり多額の借金が残されていたことがわかる。盟友の一人であった有《あり》川矢九郎《かわやくろう》が、五代の死の翌日に書いた「五代友厚氏概履歴」のあとがきには、「友厚氏たるや藩政より今日に至り、知己の面々金談する不少。常に其情実を推量し、憐を垂れ、合力する数万円、一々枚挙するに遑あらず」と記されている。五代が、多くの知己に資金を提供しており、そのうえ「簿記等の儀は有之間敷」と、無償の善意から出資していたのである。五代あての手紙には、大久保ばかりでなく、当時の名士たちからの借金申し込みや、返済が滞ったときの言い訳の書簡が数多く残されている。五代自身の事業資金ばかりではなく、こうした資金協力のための出費も多かったのである。谷元・種田の両名は、五代の借金と事業の整理・清算にあたって、彼の残した事業に拡張の見込みをつけてから、遺族に引き継ぐことを託されたのであった。

五代龍作によれば、友厚の借財は一〇〇万円に上ったという。当時、阿仁鉱山の払い下げ価格が三四万円弱、前年に発足した大阪商船の資本金が一二〇万円であったから、一〇〇万円という金額は、大きな事業を起こすことができた時代である。とはいえ、五代も多くの事業を手掛けており、それなりの資産は残されていた。鉱山をはじめとする所有不動産の処分によって、彼の巨額の借財を整理することができたのである。後嗣の龍作には、半田山が遺されている。

3 五代の顕彰と事績

五代の葬儀と顕彰

五代友厚の葬儀は大阪で行われることになった。一八八五（明治十八）年九月二十六日、棺は横浜から海路神戸に送られ、さらに大阪に向かい、中之島の本邸に帰った。十月二日、喪主五代武子ほか親族一同、弘成館員が参列して邸内で葬儀が執り行われ、一般会葬者は四八〇〇人にも上ったという。そこから天王寺埋葬地（現 阿倍野墓地）に向かう葬列は一四〇〇メートルを超え、五代龍作『五代友厚伝』には「一時交通全く途絶し、実に大阪府空前の盛儀を呈したり」と記されている。

翌年九月、松方正義の揮毫による墓誌銘を標した墓碑が建てられた。墓誌銘には「従五位勲四等五代友厚墓　明治十八年九月二十五日卒」とある。墓所入口の鳥居は、弘成館によって建立され、その他、堀孝之による顕彰碑、岩瀬公圃、天和銅山職工中、大立銀山職工中、谷元道之、永見米吉郎など

五代の銅像と遺族たち
（明治33年，堂島，大阪商業会議所前）

が灯籠を献灯した。なお、一九一四（大正三）年十一月、大正天皇が摂津・河内・和泉に行幸するにあたって、五代の国事並びに産業振興に寄与した功が認められて、正五位が追贈された。

五代の銅像は、五代ゆかりの各地に建てられた。一九〇〇（明治三十三）年九月には、大阪商業会議所議員らの発議で、大阪商業会議所の前庭に五代の銅像が建立された。この地は、堂島西町の朝陽館跡地にあった旧会議所ビルである。しかし五代の銅像は、戦時中の一九四三（昭和十八）年に金属類回収令に従って供出され、台座を残すのみとなった。その後、一九五三年に大阪商工会議所が創立七五周年事業の一環として銅像を再建することになり、京都の鋳金師河原金吾に制作を依頼、同年十月に除幕式が行われた。五代は、薩摩藩に伝わる古流剣術の示現流の達人であったことから、示現流の構えをポーズにした像であった。この銅像は、一九六八年二月、大阪商工会議所ビルディングが東区内本町橋詰町に新築・完成したことに伴って、旧ビル前庭から移築された（『大阪商工会議所百年史』）。

さらに、五代生誕地である鹿児島の城ヶ谷にも、一九六一年十一月に銅像が建てられた。この銅像は、大阪北浜の篤志家である坂岡勇治《さかおかゆうじ》が、彫刻家の坂上正克に依頼して製作したもので、祖父が五代から受けた恩義に報いるため発案したという。鹿児島市の要請に応えて寄贈され、鹿児島の永田町陸橋傍に建立された。銅像の裏には「五代友厚小伝」も刻まれている。一九八一年三月に、鹿児島中心部の泉公園に移設され、今日に至っている。

その後、五代の銅像が新しく作られたのは、「はじめに」で述べたように、二〇〇〇年代にはいってからである。

五代の事績

「東の渋沢、西の五代」として、渋沢栄一と五代友厚が並び称されることがよくある。

たしかに五代は、商法会議所や商業講習所を設立し、実業界の組織化に大きな貢献をしたという点では、東京の渋沢に匹敵する役割を、西の大阪で果たした。また、多くの近代産業に関与し、日本の資本主義の確立に貢献したことも、渋沢と比肩すべき実績である。しかし、東京が日本の首都として巨大都市に発展した一方で、大阪は第二の都市の地位に甘んじてきた。この比較には渋沢の事業の広がりと、五代のそれとの差を含んだもののようにも受け取れる。だが、東京への一極集中が進んだのは、第二次世界大戦後の高度成長後半期からであり、戦前期の大阪は、工業都市として東京に迫る大都市であって、歴史的文化的にははるかに長く厚い蓄積を持つ都市であった。渋沢と五代を比較する際にも、同様な質的差異を明らかにしなくてはならないだろう。

一方で五代は「政商」として、岩崎弥太郎と並び称されることも多い。この場合は、大蔵卿大隈重信と結んで三菱財閥を築き上げた岩崎に対して、大久保利通と五代の関係が比定されている。政商というのはジャーナリズム用語であって厳密な定義はないが、一般的に、明治前半期に政治家と結託して官業払い下げなどの便宜を受け、産業資本家として成長した特権商人を指している。その意味では、三菱財閥を築いた岩崎は典型である。政商へのスターティングポイントとなったのは、三菱にとっては征台の役であり、ついで西南戦争である。五代が政商とされるのは、北海道開拓使官有物の払い下げ事件によってである。

しかし、事業家としての資質は、渋沢や岩崎と五代とのあいだには大きな違いがあった。渋沢は、第一国立銀行という大組織のトップとして安定的な地位を獲得し、その立場から日本を代表する大企業の設立に顧問としての役割を果たし、あるいは取締役として参加していた。自ら事業を起こすよりは、財界の組織者として能力を発揮したのである。一方、岩崎は船舶の貸し下げに始まり、政府の保護を受けて日本の内航海運を独占することで飛躍的な事業成長を遂げた。彼らにとって、事業意欲と資本蓄積の意欲は矛盾することなく、政府要人とのつながりを築いてチャンスを獲得し、それを最大限に生かすことで巨額な蓄積を果たしたのである。

渋沢が産業の組織者で、岩崎が財閥の創設者であるとすれば、五代は自ら事業を起こして経営する実業家であるという点で、岩崎と共通している。また、大阪の大事業で五代が関与しないものはない、といわれているように、数多くの大事業の創業に積極的に関わった点では、渋沢と共通するものがある。しかし、五代の事業意欲は蓄財に結びつくものではなく、天下国家を論ずるなかで、近代日本を築くために必要と考える産業を、自ら創業するというスタイルであった。

さらに、もう一つの相違点を指摘することができる。それは、事業を支えた人材の層の厚さである。渋沢も岩崎も、早い時期からいわゆる「学校出」を採用し、彼らの能力を最大限に活用した。その一方で、五代の部下となって経営を担ったのは、長崎の人脈である。長崎という土地は、幕末にあっては極めて開化されており、五代の好みに合致する近代人が育っていた。しかし、慶応義塾や商業学校出のような、進取の気性に富み、かつ広い視野を持つ人材が、五代のもとにいたかというと、そうではなさそうである。事業の本拠地を大阪に置き、東京で事業を展開する場合も、大阪から派遣して監督させるという五代の経営スタイルが、新しい時代の最先端を十分に捉えることを難しくしていたのである。

五代が、それぞれの事業に着手した目的をみておこう。たとえば金銀分析所は、造幣寮の建設に携わった経験の延長線上に位置づけられる事業である。そもそも造幣寮の建設は、日本の通貨制度を確立するために、一日も早く本位貨幣を鋳造しなくてはいけないという問題意識に基づいて急がれた。五代は、外国官権判事として貨幣問題に深く関わっており、明治政府が早急に貨幣制度を整える必要に迫られていること、そしてそのためには貨幣材料の豊富な供給が必要であることを、明確に認識していたのである。金銀分析所の事業は、この地金の供給を目的とするものであり、併せて贋造貨幣や旧貨幣の一掃にも貢献するという企図で創設した事業であった。

さらに、五代が鉱山業へと事業を多角化したことも、明治政府が打ち出した鉱物資源の政府専有と採掘事業からの外国人排除の方針、すなわち資源ナショナリズムに呼応するものであった。この考えは、さらに大阪製銅会社へとつながっていく。粗銅のまま輸出して銅製品を輸入していたのでは、日本の国家富強の道につながらないが、国内で製造すれば「内ニ固有国産ノ利用ヲ尽シ、外ハ海関輸入貨物ノ数ヲ制シ」として、輸入防遏のために国産化を狙って創立したことを、設立趣意書で宣言している。

輸入防遏ばかりでなく、積極的に輸出拡大の事業として取り組んだのが、朝陽館の事業であった。インド産インジゴが、世界市場で大きなシェアを占めていることから、日本の国産藍にも大きな市場が見込まれるとして、これを輸出商品に育てようというのが朝陽館事業の目的であった。しかし、大規模な近代的精製設備を建設して世界市場に挑んだものの、インド藍との競争に打ち勝つことはできず、国内市場での販売も思わしくなく、事業は事実上破綻した。

五代が、これらの事業を創始した動機は、すでにみたようにヨーロッパ技術の導入によって近代工業を興し、輸入を防遏し、あるいは輸出を拡大することにあった。在来の産業に代わって近代工業を根づかせ、あわせて国際収支の悪化を防ぎ、植民地化の危機を回避しようとしたのである。五代は、そもそもは貿易立国とその利益による富国強兵政策を主張していた。しかし、清国を拠点とする外商が、東洋貿易の商権を掌握している時代環境のなかでは、貿易事業は時期尚早と考えたのであろう。近代工業の導入によって、製造業の国際競争力強化を考えるようになった。そして、晩年には商社活動に関心を向けていく。北海道開拓使と協力して、北海道海産物の清国向け輸出に着手したのである。

北海道開拓使官有物払い下げ事件の舞台となった関西貿易社は、けっして五代の個人事業ではない。五代が発起人となって、関西財界をあげて取り組んだ貿易商社であった。しかし、清国商人の商権に対抗するには、資金も経験も不足しており、事業として成功していない。経験豊富な外商に太刀打ちできず、当初の五代の判断を裏づけるような結果となったのである。

五代は、渋沢のような「産業の組織者」に徹底することはできなかったし、岩崎のように「政商」として財閥を築き上げることもなかった。しかし天下国家を論じ、日本の近代を築く志にこだわった数少ない事業家であり、偉大な論客であった。

参考文献

伝記その他

贈位記念友厚会編『近代之偉人　故五代友厚伝』上巻、一九一四年
五代龍作『五代友厚伝』一九三三年
織田作之助『大阪の指導者』錦城出版社、一九四三年
五代友厚七十五周年追悼記念刊行会編『五代友厚伝秘史』一、一九六〇年
西村重太郎『五代友厚小伝』大阪商工会議所、一九七三年
日本経営史研究所編『五代友厚伝記資料』第一巻〜第四巻、東洋経済新報社、一九七一〜七四年
津田権平『明治立志伝』明治文庫、思誠堂、一八八一年
坪谷幸四郎『実業家百傑伝』第二巻、東京堂、一九五〇年
横山源之助『明治富豪史』易風舎、一九〇九年
三宅晴輝・斉藤栄三郎監修『日本財界人物列伝』第一巻、青潮出版、一九六三年
土屋喬雄『日本資本主義史上の指導者たち』岩波新書、一九三九年
日本経済史研究会編『近代日本人物経済史』上巻、東洋経済新報社、一九六五年
土屋喬雄『日本の政商』経済往来社、一九六六年
宮本又次『大阪商人太平記』創元社、一九六〇〜六一年

宮本又次『大阪人物誌』アテネ新書、弘文堂、一九六〇年
宮本又次『大阪繁昌記』新和出版、一九七三年
宮本又次『関西財界外史』戦前編、関西経済連合会、一九七六年
宮本又次『五代友厚伝』有斐閣、一九八〇年
楫西光速『政商』筑摩書房、一九六七年
大島清・加藤俊彦・大内力『人物・日本資本主義』三、東京大学出版会、一九七六年
田付茉莉子「工業化のリーダーシップ——五代友厚」由井常彦編『日本経営史講座二　工業化と企業者活動』日本経済新聞社、一九七六年

序　章

神谷大介『幕末の海軍——明治維新への航跡』吉川弘文館、二〇一八年
カッテンディーケ著、水田信利訳『長崎海軍伝習所の日々』平凡社東洋文庫、一九六四年

第一章

中岡哲郎『日本近代技術の形成』朝日新聞出版、二〇〇六年
今津健治『近代日本の技術的条件』柳原書店、一九八九年
公爵島津家編纂所編『薩藩海軍史』上巻・中巻、原書房、一九六八年
勝安芳著写『海軍歴史』勝海舟関係文書四
中村孝也『中牟田倉之助伝』一九一九年
杉山伸也『明治維新とイギリス商人——トーマス・グラバーの生涯』岩波新書、一九九三年

大山元帥伝刊行会『元帥公爵大山巖』マツノ書店、二〇一二年
萩原延寿『遠い崖　アーネスト・サトウ日記抄（二）薩英戦争』朝日新聞社、一九九八年
アーネスト・サトウ著、坂田精一訳『一外交官の見た明治維新』岩波文庫、一九六〇年
永井五郎『しみづうさぶろう略伝』（『五代友厚伝記資料』第四巻所収）
水田丞『幕末明治初期の洋式産業施設とグラバー商会』九州大学出版会、二〇一七年
犬塚孝明『薩摩藩英国留学生』中公新書、一九七四年
原口泉『世界危機をチャンスに変えた幕末維新の知恵』ＰＨＰ新書、二〇〇九年
岡田摂蔵『航西小記』一八六五年（日本史籍協会『遣外使節日記纂輯二』所収）

第二章

犬塚孝明『明治の若き群像　森有礼旧蔵アルバム』平凡社、二〇〇六年
福沢諭吉「西洋事情」『福沢諭吉全集』第一巻所収、岩波書店、一九六九年
田辺太一『幕末外交談』平凡社東洋文庫、一九六六年
『鹿児島県史』第三巻、一九四一年
宮永孝『幕末オランダ留学生の研究』日本経済評論社、一九九〇年
井上清『西郷隆盛』上、中央公論新社、一九七〇年
フランシス・コワニェ著、石川準吉編訳『日本鉱物資源に関する覚書』羽田書店、一九四四年
絹川太一『本邦綿糸紡績史』第一巻、明治百年史叢書、原書房、一九九〇年
「白石正一郎日記」『維新日乗纂輯、第一』（日本史籍協会、一九二五〜二六年）所収
小林茂『長州藩明治維新史研究』未來社、一九六八年

神長倉真民『明治産業発生史』ダイヤモンド社、一九三六年
「市来四郎翁之伝」『史談会速記録』一九〇三年
三菱鉱業セメント編『高島炭鉱史』一九八九年
宮本又次「五代友厚とグラバーと小菅ドックと開聞丸 上――五代友厚伝新考その一」『工業』第三六六号、一九七八年
中西洋『日本近代化の基礎過程』上、東京大学出版会、一九八二年

第三章

楫西光速『政商』筑摩書房、一九六三年
アルジャノン・B・ミットフォード著、長岡洋三訳『英国外交官の見た幕末維新』講談社学術文庫、一九九八年
大岡昇平『堺港攘夷始末』中央公論社、一九八九年
『堺市史』第三巻、一九三〇年
宮本又次『小野組の研究』第二巻、新生社、一九七〇年
『明治大正大阪市史』第三巻、第七巻、清文堂出版、一九六六年
『大阪港史』第一巻、大阪市港湾局、一九五九年
『幕末明治新聞全集』第四巻、大誠堂、一九三五年
『逓信事業史』財団法人前島会、一九六三年
現代日本産業発達史『XXII陸運・通信』交詢社、一九六五年
三井文庫所蔵『造幣寮の経営』上（未定稿）、一九一五年
片岡春郷『贈正五位勲四等五代友厚君傳』（『五代友厚伝記資料』第一巻）

立脇和夫『明治政府と英国東洋銀行』中央公論社、一九九二年
大蔵省造幣局『造幣局百年史』一九七一年
『大阪税関沿革史』一九二七年
『兵庫県百年史』一巻、一九六七年
『神戸開港三十年史』明治百年史叢書、原書房、一九七一年
『渋沢栄一伝記資料集』〈第一～五八巻〉渋沢栄一伝記史料刊行会、一九五五～六五年

第四章

長井実編『自叙益田孝翁伝』一九三九年（一九八八年、中公文庫）
宮本又次『小野組の研究』第三巻、新生社、一九七〇年
佐々木誠治「三井物産会社の生成事情――先収会社とのつながりを中心にして」『国民経済雑誌』第一〇三巻第六号、一九六一年
川田久長『活版印刷史――日本活版印刷史の研究』印刷学会、一九四九年
重藤威夫『長崎居留地』講談社、一九六八年
『日本全国諸会社役員録二』柏書房、一九八八年
古谷昌二『平野富二伝――考察と補遺』朗文堂、二〇一三年
『石川島重工業株式会社一〇八年史』一九六一年
『明治大正大阪市史』第一巻、一九三四年

第五章

『明治工業史鉱業篇』一九三〇年
長沢康昭「弘成館決算表について」『福山大学経済学論集』第三巻第一第二合併号、一九七八年
大阪商工会議所所蔵五代関係文書「明治十六年十二月付農商務省商務局宛報告」
『住友別子鉱山史』上巻、住友金属鉱山、一九九一年

第六章

『現代日本産業発達史Ⅷ化学工業　上』交詢社、一九六八年
西野嘉右衛門『阿波藍沿革史』思文閣、一九七一年
石井寛治『明治維新史』講談社学術文庫、二〇一八年
地方史研究協議会編『日本産業史大系　中国四国地方篇』一九六〇年

第七章

三宅宏司『日本の技術　大阪砲兵工廠』第一法規出版、一九八九年
『社史　住友電気工業株式会社』一九六一年
『住友金属工業六十年小史』一九五七年
「清国商況視察報告書」『大隈文書』第四巻、早稲田大学社会科学研究所、一九六一年
北水協会編『北海道漁業志稿』一九三五年
吉川常深「明治初期第五国立銀行と承恵社の形成過程について」『薩摩藩の構造と展開』西日本文化協会、一九七六年

伊牟田敏充「明治前期における貿易金融政策」安藤良雄編『日本経済政策史論』上巻、東京大学出版会、一九七三年
西村はつ「外資と民族資本」由井常彦編『日本経営史講座二　工業化と企業者活動』日本経済新聞社、一九七六年
『横浜正金銀行史』西田書店、一九二〇年
篠原宏『明治の郵便・鉄道馬車』雄松堂出版、一九八七年
『日本郵船株式会社百年史』一九八八年
『南海鉄道発達史』一九三八年

第八章

『第一銀行史』上巻、一九五七年
『明治財政史』第十三巻、一九〇二年
『明治大正大阪市史』第三巻、一九三四年
『大阪商工会議所史』一九四一年
『大阪商工会議所百年史』一九七九年
『大阪商法会議所議事日誌』
『大阪経済史料集成』第一巻、一九七一年
岡崎哲二『江戸の市場経済』講談社、一九九九年
浅田毅衛「東京商法会議所の設立と明治前期の流通政策」『明大商学論叢』第八〇巻第一・二号、一九九八年
宮本又次編『近世大阪の物価と利子』創文社、一九六三年

遠藤芳樹編「大阪商業習慣録」『大阪経済史料集成』第二巻、一九七二年
『明治生命五十年史』一九三三年
『交詢社百年史』一九八三年
『日立造船株式会社七十五年史』一九五六年
宮本又次「大阪における商業・経済教育事始」『大阪大学史紀要』一、一九八一年
国立教育研究所編『日本近代教育百年史九　産業教育（一）』一九七四年
『福沢諭吉全集』第二〇巻、岩波書店、一九七一年
毛利敏彦「大阪商業講習所の誕生と福沢諭吉——大阪市立大学事始め」慶応義塾福沢研究センター『近代日本研究』二号、一九八五年
『大阪商科大学六十年史』一九四四年
『大阪堂島米商沿革』大阪堂島米穀取引所、一九〇三年
田付茉莉子「相場師五代友厚」『書斎の窓』三〇三号
宮本又次「大阪経済界を培える人々——玉手弘通」『上方の研究』第五巻、清文堂出版、一九七七年
芝川又四郎『芝蘭遺芳』一九四四年
広瀬宰平『半世物語』一八九五年
『大株五十年史』大阪株式取引所、一九二八年
『世外井上侯伝』全五巻、一九三三～三四年、内外書籍（原書房明治百年叢書、一九九〇年）

終　章

高村直助『小松帯刀』吉川弘文館、二〇一二年

町田明広『幕末文久期の国家政略と薩摩藩――島津久光と皇政回復』岩田書院、二〇一〇年
犬塚孝明『明治外交官物語』吉川弘文館、二〇〇九年
毛利敏彦『明治六年の政変』中公新書、一九八〇年
犬塚孝明『寺島宗則』吉川弘文館、一九九〇年
堀孝彦『英学と堀達之助』雄松堂出版、二〇〇一年
川崎晴朗『築地外国人居留地』雄松堂出版、二〇〇二年
高橋邦太郎『チョンマゲ大使海を行く――百年前の万国博』人物往来社、一九六七年
『稿本　三井物産株式会社一〇〇年史』上、日本経営史研究所、一九七八年
武田尚子『ミルクと日本人』中公新書、二〇一七年
小寺正三『企業家五代友厚』人物往来社現代教養文庫、一九七三年
松田誠『高木兼寛伝　脚気をなくした男』講談社、一九九〇年

おわりに

幕末の動乱期にあって、ほとんどの志士たちが攘夷思想を抱いていたなかで、ヨーロッパに眼を向けていた人物は数少ない。一般によく知られているのは、ペリー艦隊に小舟を漕ぎ寄せて渡米を計画した吉田松陰であるが、その渡航の試みは無計画・無謀な企てであって、当然のことながら失敗した。これに対して五代は、薩摩藩という開明的な藩を動かし、藩の事業として留学生を率いて渡欧を実現した。五代は、時代を突き抜けたグローバルな視野の持ち主であって、ヨーロッパ諸国が世界に活躍している時代を正しく認識し、日本もその一員とならなくては国の将来はない、と喝破したうえでの綿密な渡航計画であった。

こうした人間がどのようにして生まれ、弘毅な人格と視野を形成し、そして幕末維新の激動期をどのように生きたのであろうか。まず指摘したいのは、薩摩藩の風土と、なかでも島津斉彬の人となりの影響である。薩摩藩は、九州最南の僻地に封ぜられたという不運を逆手にとって奄美・琉球支配を強化し、黒糖販売や対明貿易で実をあげていった。江戸時代に世界へ向けて開かれた窓は、長崎と対馬、そして蝦夷地貿易の松前の三つであるといわれているが、四つ目の窓として琉球国を通じた対明である。

貿易がある。薩摩藩は、琉球支配を通じて、徳川幕府との関係で相対的に独立独歩の地位を築いたのである。

薩摩藩の藩主、島津家の〝蘭癖〟は、第八代藩主の重豪にはじまる。曾孫の斉彬も、重豪の影響で洋学に興味を持ち、薩摩藩への洋式技術の導入と富国強兵に邁進した。五代が、斉彬の要請で地球儀の模写を行ったのは、感受性の強い青年時代のエピソードの一つである。大久保や西郷といった下級武士出身の志士たちと違って、五代は上級武士の出身であったから、直接的に斉彬の影響を受けて育ったのである。

さらに、幕府の海軍伝習生としての長崎遊学をきっかけとして、五代はイギリス商人グラバーと知己を得た。グラバーと共に上海に渡航し、ヨーロッパ諸国の租界が軒を連ね、世界有数の国際都市へと発展しつつあった都市の活気に触れた。また薩摩藩留学生を引率してのヨーロッパ渡航は、五代の見聞の幅を大きく広げた。こうした五代の広い視野の形成には、幕府の許可も得ずに五代の提言を実現させた薩摩藩の風土あってこそといえよう。

五代の若いときの上申書には、「地球上の道理」とか「地球上の広を知る」といった言葉がしばしば出てくる。イギリスやフランスでの知見に基づいて、五代は世界の強国の拠って立つ経済的基盤を理解し、斉彬のめざした「富国強兵」を、きわめて現実的に追求していった。帰国後の五代は、志士としての活躍もしたが、蒸気船「開聞」の船長として、資金調達と武器・艦船の調達などの商業活動にほとんど専念していた。刀を切り結び立ち回ることはなく、自らの役割を限定的に自覚して遂行したのである。その意味で五代は、同時代のいわゆる「志士」たちとは明確に一線を画していた。彼らは、後醍醐天皇のために「身を殺して仁を為」した児島高徳《こじまたかのり》を行動規範としていたことで分かるように、時代の転換点を見据えて活動したというよりは、復古主義的な思想が情熱の背後に隠されていたのである。

明治維新後、新政府の官吏として五代が最も熱心に取り組んだのは、造幣寮の建設であった。その後は、官吏としての栄達を振り捨てて大阪商業界に身を投じている。五代の事業経営と大阪の商業組織形成への尽力、そして「商都大阪」の発展に対する貢献は、これまでに述べたとおりである。五代が、渋沢栄一のように長生きしていれば、もう少し大きな事業の成果を得て、後世に名を残したかもしれない。しかしそうでなくとも、五代が富国強兵への道を具体的に示して、近代日本の礎を築いた功績は高く評価されるべきであろう。

『五代友厚伝記資料』の編纂に筆者が関わったのは一九六九年から七四年、『日本経営史講座二』で「工業化のリーダーシップ――五代友厚」を執筆したのは一九七六年であるが、その後は継続的な研究を怠ってきた。本書によって、少しでも責を果たしえたならば幸いである。

二〇一八年九月

田付茉莉子

五代友厚略年譜

和暦	西暦	齢	関係事項	一般事項
天保六	一八三五	0	12・26薩摩国鹿児島郡城ヶ谷に生る。直左衛門秀堯の次男。幼名、徳助または才助。	
一三	一八四二	6	児童院の学塾に入り、句読を受く。	
弘化三	一八四六	10	藩の聖堂に入り、文武修業。	
嘉永元	一八四八	12	世界地図を模写し、藩公に献上。また地球儀を作成したという。	
六	一八五三	17	5・6父秀堯没。	6・3米国東インド艦隊司令長官ペリー、浦賀に来航。
安政元	一八五四	18	藩の郡方書役助となる。	3・3日米和親条約（神奈川条約）調印。
四	一八五七	21	2月長崎遊学。海軍伝習所伝習生として航海・測量・砲術・数学を学ぶ。	前年より米駐日総領事ハリス、下田に駐在。
五	一八五八	22	7・16島津斉彬没。10・18ために一時帰国を命ぜられる。	6・19日米修好通商条約調印。9・7安政の大獄はじまる。

六	一八五九	23	5月再度長崎遊学。	5・28幕府、6月より神奈川・長崎・函館の三港開港を布告。
七	一八六〇	24		3・3桜田門外の変。
文久 二	一八六二	26	1月長崎において御船奉行副役となる。グラバーとともに上海に渡り、汽船を購入。同船は2月に鹿児島回着。4・29幕船千歳丸に水夫として乗船。上海で市況調査にあたる。	8・21島津久光の行列を侵した英人を従士が斬る（生麦事件）。
三	一八六三	27	6月英艦隊横浜出帆の報を聞き、堀孝之とともに急遽帰藩。7・2寺島宗則とともにイギリス艦に捕えられる。横浜で上陸、武州熊谷在吉田六左衛門のもとに潜む。	7・2英艦隊、鹿児島湾で薩藩と戦う（薩英戦争）。
文久 四 元治 元	一八六四	28	1月吉田六左衛門の養子二郎を伴い長崎へ。酒井三蔵の家に潜む。5月小松帯刀、上海への亡命をすすめるがこれを辞退。川村純義、野村宗七らと会い、国情をイギリス艦に流したとの疑が晴れる。また、上申書を認め、富国強兵策、海外留学生派遣など建言する。	8・5英・米・仏・蘭四国連合艦隊、下関海峡で長州藩と交戦。
慶応 一	一八六五	29	3・22新納刑部らと一四名の留学生を引率してヨーロッパ視察の途につく。5・28ロンドン到着。留学生はウィリアムソン教授に託し、マンチェスター、	6・24フランス公使ロッシュ、幕府にパリ万国博覧会出品を勧める。7・2応諾。10・5朝廷、

			バーミンガムなどを視察。8・14ヨーロッパ視察。モンブランと貿易商社設立に関する条約を締結。また、万国博覧会出品の諸事務を彼に託す。ロンドンより一八箇条の建言書を郵送。	修好通商条約勅許の勅書を下す。兵庫開港は不許可。
二	一八六六	30	2・9帰国。小銃・蒸気船・紡績機械などを購入して帰る。2月御納戸奉行格で御用人席外国掛を命ぜられる。4～10月長崎在勤。万国博の準備、勤皇方への武器供給などに奔走。10・15馬関で木戸孝允に会見、通商貿易の計画を議す。	1・21薩長提携の密約なる。6・7第二次征長の役はじまる。
三	一八六七	31	小松帯刀・グラバーの出資を得て、長崎の小菅に修船場建設に着手。4月藩公より鹿児島郡坂元村坊中馬場二番邸を賜わる。分家し、坂元氏の娘トヨと結婚。母の没後離婚。8月フランス特派使節岩下方平およびモンブランを出迎えるため上海に航す。10月岩下方平とともに外交問題に関して意見を述べる。モンブランも諮問に答えて建言書を提出。12・28京都に派遣された新納刑部を送ってモンブランとともに兵庫へ赴く。	10・13討幕の詔書出る。10・14将軍徳川慶喜、大政奉還上表を朝廷に提出。12・9王政復古の大号令が発せられる。
四 明治元	一八六八	32	1・3モンブランをイギリス副領事ラウダのもとに送り込み、友厚は開聞丸に潜伏。1・4モンブラン、	1・1徳川慶喜、薩摩藩征討の表を朝廷に提出。1・3鳥羽・

フランス公使に保護される。1・23上京を命ぜられ、徴士参与外国事務掛に任ぜられる。2・9神戸事件の処理のため、伊達宗城と兵庫に至り、加害者を切腹せしむ。2・20徴士参与職外国事務局判事に任ぜられ、大阪在勤となる。2・23堺事件の加害者を堺妙国寺で切腹せしめ、検視としてこれに臨む。2・29パークス襲撃事件につき、小松帯刀とともに奔走し事件を解決。2月居を大阪東区備後町二丁目に定む。この頃、大小砲・軍艦等の買入に奔走。閏4・27官制改革に伴い、外国事務局の事務は大阪川口運上所に任ねられることとなる。友厚および陸奥宗光、この任に当る。5・4従来の職務を免ぜられ、外国官権判事に任ぜられる。5・24当官を以て大阪府権判事に任ぜられる。6・27母やす子没。7月大阪開港につき川口運上所の規則等を整備する。8月香港より造幣機械の買入に尽力。以後大阪造幣寮設置に奔走。9・19大阪府判事となり、従五位に叙せられる。10月貿易商に賦課した五厘銀につき外国領事より抗議、友厚は国内税にすぎずとして押し通す。10月会計基礎確立の試案を作成。11月兵庫・大阪間の

伏見の戦で幕軍、薩長の軍に敗る。慶喜は江戸に逃れ、戊辰戦争はじまる。1・11備前藩兵、神戸で外国人と衝突（神戸事件）。2・15土佐藩兵、フランス兵と争い士官・水兵十数名を殺傷（堺事件）。2・30フランス公使ロッシュ、オランダ代理公使ポルスブルック、参内謁見。イギリス公使パークスは途中刺客に襲われ参内を中止。3・3参内。3・14五箇条の誓文。3・23天皇大阪行幸。閏4・21会計官を設置、貨幣司などを置く。さらに商法司を設置し、大阪に支署を置く。5・15新たに金札（太政官札）五種を発行。7・15大阪を開港地となす。7・17江戸を東京と改める。7・26新政府、横浜港関税を担

和暦	西暦	齢	関係事項	一般事項
			電信設置につき電信機をイギリスに注文。モンブランの請願を却下する（翌年二月）。12・6小菅修船場竣工。12月大阪川口運上所を大阪外国事務局と改称。この年、松島遊廓を設置。友厚、外国官における専横のうわさ立つ。またこの頃、友厚と改名、松陰と号す。	保に東洋銀行より五〇万ドル借款。これにより旧幕府の対フランス借款を返済す。9・8明治と改元。11・19東京開市。
明治 二	一八六九	33	1・8軍艦御買上御用掛兼任となる。3・11小菅修船場、一二万ドルで政府に買い上げられる。3月政府に紙幣鎖却の方法を建言す。4・21上京し大隈重信の邸で財政政策を議す。5月大阪港の浚渫を企図。5月大阪の富豪を説き、大阪に為替会社、通商会社設立を策す。8・10設立。5・15会計官権判事を仰付けられ、5・24横浜転勤を命ぜられる。外国事務局一同留任を政府に嘆願。7・4辞表を政府に提出し退官す。7月居を大阪東区梶木町五丁目に移す。10月大阪府西成郡今宮村に金銀分析所を設立。12月鹿児島へ帰る。	1月薩摩藩、堺紡績所設立に着手。3・2薩摩、長州、土佐、肥後四藩主、版籍奉還を上表。この頃、一分銀流出、悪貨流通、金札相場下落等貨幣制度が乱れ、外国人の金札による納税を差止める。2・22外国官に通商司を設置。5・18五稜郭開城。戊辰戦争おわる。6・17版籍奉還。知藩事を置く。12・25東京・横浜間電信開通。
三	一八七〇	34	1月大阪に帰り、親友森山茂の妹豊子と結婚す。備後町二丁目に仮居。2月大隈重信来阪、つづいて友厚上京。官途に就かしめんとの斡旋あれども応ぜず。	1・26長州奇兵隊などの解散に不満な脱退兵士が暴動（諸隊脱退騒動）。8・16参与小松帯刀

四　一八七一	35	3・1『二十一史』復刻、『和訳英辞書』刊行などに尽力。4月藩より堺紡績掛を命ぜられる。11月居を大阪府東区平野町一丁目に移す。6月再度官途に誘いあれど応ぜず。10月奈良県吉野郡天川郷和田村に天和銅山を開く。12・6長女武子生る。この年、英和辞書を編纂出版す。また居を西区靱北通一丁目二八番地に移す。	没。この年、物価騰貴などにより、各地に年貢減免の農民暴動おこる。2・15造幣寮開業式。5・10新貨条例を定める。6・16造幣寮に地金局が設けられ、金銀地金の買入れにあたる。7・14廃藩置県の断行。10・8岩倉特命全権大使以下大久保、木戸、伊藤らの欧米派遣を発令。
五　一八七二	36	5月大阪鹿児島出張所にたいして商業許可願を出す。6月県より国産会社大阪出張掛に任ぜられる。10月奈良県吉野郡北山郷西野村に赤倉銅山を試掘。11月滋賀県愛知郡政所村に蓬谷銀山を買収。	5月政府、堺紡績所を買収。大蔵省勧農寮の所管とす。6・18三井・小野、バンク設立を出願。8・15認可（のちの第一国立銀行）。9・12新橋・横浜間鉄道開業式。11・15国立銀行条例を定める。
六　一八七三	37	1・1弘成館創設。6月旧小野組所有鉱山を古河市兵衛に払下斡旋。10・20東京の事務所を京橋築地新栄町一番地に設ける。10月天和・赤倉両鉱山の借区	1・1太陽暦を導入。5・7井上馨・渋沢栄一、財政改革意見を建議。5・14免官。7・20

			願を提出。12月逢谷山の借区願を提出。	〈日本坑法〉頒布。9・1施行。7・28〈地租改正条例〉布告。10・24西郷隆盛辞職。征韓論挫折。
七	一八七四	38	3月東京に弘成館の分店を設け、東弘成館と称す。滋賀県愛知郡茨茶屋村山内に鉛鉱山試掘。美作国に鏡山銅山開坑、4月閉山。5・18小野組家事改正規則章程を定めるのに尽力。5月大久保利通と大阪で会見（大蔵卿任命の説流布す）。6・3大隈重信に五カ条の忠告書を送る。7月三重県三重郡水沢村に水沢水銀鉱を開く。福島県伊達郡半田村半田銀山の払下を受く。越中新川郡に鉱山を買取る。この年鹿児島県串木野に羽島金山を取得。翌年、祁答院重之に譲渡。	1・14右大臣岩倉具視、赤坂喰違で襲われ負傷。1・17副島種臣ら〈民選議院設立建白書〉を左院に提出。2・4江藤新平ら佐賀に反乱をおこす（佐賀の乱）。2・6台湾征討、閣議で決定。4・10板垣退助ら、高知で立志社を創立。5・23島津久光、建言書を提出し、大隈の免官を求める。6・6久光、建言書撤回。8・1大久保利通、台湾問題につき清国と交渉。10・31日清両国間互換条款を調印。11月小野組破綻。
八	一八七五	39	1月大阪会議（木戸・板垣の官界復帰）を斡旋。3月奈良県吉野郡栃尾村に銅山を買収。	6・28讒謗律《ざんぼうりつ》・新聞紙条例を定める。9・20江華島事件おこる。

九	一八七六	40	4月製藍特許願を提出、却下さる。6・7大久保利通、半田銀山を巡検、つづいて天皇御幸。6・10製藍事業に対し、勧商局より資本金が貸与さる。7・8半田山濁水の件につき地元との協定なる。8月堂島米商会所再興を策す。9・4創立出願、10・28免許、11・2開業。9月大阪府北区堂島浜通二丁目に朝陽館（製藍）設立。10・1次女藍子生。	8・5金禄公債証書発行条例を定める。10月神風連の乱、萩の乱など士族反乱相次ぐ。11～12月各地で地租改正をめぐる農民騒動しきり。
一〇	一八七七	41	2・16天皇、朝陽館に行幸。7月波江野休右衛門より鹿籠金山の後事を托される。奈良県吉野郡中津川村に銅山を試掘、明12・6には廃鉱。	2・15西郷隆盛挙兵、西南戦争おこる。9・24西郷自刃。8・21第一回内国勧業博覧会。
一一	一八七八	42	6・17大阪株式取引所の設立免許さる。8・15開業。7月支那沓銀買入に関して政府援助許可さる。8月大阪商法会議所設立許可。選ばれて会頭に就任。翌1・15開所式。	3・12東京商法会議所設立認可。5・14参議兼内務卿大久保利通東京紀尾井町で刺殺さる。5・15東京株式取引所設立免許。
一二	一八七九	43	2月神戸に洋銀取引所設立を策す。4月横浜正金銀行設立に尽力。翌年2・23設立免許。6・19広業商会社長笠野熊吉死去につき、後見となる。9・15藤田組贋札事件おこり、藤田の無実を弁護。10・5大阪商法会議所〈海関税に関する答申書〉を大蔵省に提出。この年、買占による米価騰貴。広瀬宰平らと	2・17横浜洋銀相場会所を改革。洋銀取引所設立。4・4琉球藩を廃し沖縄県を置く。6月松山に発生したコレラ、各地に蔓延。この年の暮から翌年春にかけて金融逼迫。

			謀り売り向う。翌年春、売崩に成功、のち買方より訴えられる。	
一三	一八八〇	44	1月北海道の〆粕買付に着手。4・29大阪商法会議所、府下営業税に関して答申す。8月財政意見書を提出、また米納復活意見書を出す。11・15大阪商業講習所設立（大阪商科大学の前身）。11・20鴻池・三井・住友らの出資を得て、貿易会社設立に着手。11・27大阪商法会議所、金融梗塞打開のため意見書を大阪府に提出。11月岡山県に大立銀山を開く。11月米価騰貴・財政困難につき大蔵卿に建言。12・28東京馬車鉄道会社創立、顧問となる。この年、駒帰村に辰砂鉱を開く。	4・12洋銀相場高騰し、各株式取引所・横浜取引所の金銀貨取引および全国米商会所の限月取引、一時停止を命ぜられる。5・4解禁。10・1米商会所条例改正。11・5工場払下概則を定める。この頃政府、直輸出の拡大を奨励。
一四	一八八一	45	1月熱海で諸参議湯治。友厚もこれに参加（いわゆる熱海会議）。1・31大阪製銅会社創立総会（3・16認可）。2・10商業講習所を公立にせんことを建議。6・3関西貿易社創立、総監となる。8・1同社、岩内炭坑・厚岸官林その他の払下を認可さる。8月北海道開拓使官有物払下にたいする世論の批判高まる。10・11払下取消。11・30三女芳子生。12・14沓銀購入資金の返納延期を願い出る。翌5・25許	10・5横浜連合生糸荷預所と外商との紛議により、生糸荷主が外商ボイコットを締約。各地商法会議所もこれを支援。北海道開拓使官有物払下中止、明治二三年を期して国会開設、大隈の参議罷免などを決定（明治一四年の政変）。10・18自由党結成。

年号	西暦	年齢	事項	一般事項
			可さる。12月関西貿易社の昆布取引が欠損となり、経営危機。越前大野郡面谷村に鉱業会社を作る。この年、洋銀相場にさかんに投資。	10・21松方正義、参議兼大蔵卿に任命される。〈松方財政〉の開始。
一五	一八八二	46	2月製銅会社の経営不調（翌年下半季からもちなおす）。4月半田山、大規模な機構改革。ようやく収益が上るようになる。5月関西貿易社、上州生糸の横浜売込に着手。6・4四女久子生。6・5商法会議所、商事慣習調査を商務局へ上呈。7月神戸に桟橋建設の件が認可され創立事務を一任される。7・26共同運輸会社設立許可。翌1・1開業。12月神戸桟橋会社創立。12月鹿児島県川辺郡東鹿籠村に鹿籠金山の採掘を始める。	1・5堂島米商会所、期限を、八月三一日まで延期認可さる。5・3大阪紡績会社設立。6・27日本銀行条例を定める。この年、松方デフレによる不景気、金融緩慢。貿易収支は出超に転ずる。
一六	一八八三	47	2・23大阪商法会議所、物価下落につき大阪府勧業課に答申。3・26長男秀夫生。5・1関西貿易社解散。5・5大阪商法会議所、江越間鉄道開設の影響に関して答申。7月沓銀購入資金、月賦返納を歎願。9月ガーラントに依託、鹿籠金山をはじめ伊作、山ケ野などの鉱石の分析試験を行う。この頃、鹿籠金山の事業を縮小、羽島金山の開坑に着手。	4・1米商会所税改正。税額過重のため市況衰退。7・20岩倉具視没。9月大阪商法会議所副会頭中野梧一自殺。12・28政府発行紙幣消却のため公債発行を定める。デフレ深刻化。
一七	一八八四	48	1月鹿籠島県阿多郡和田村に穴ヶ原銀山を買収。2	6・7商標条例を定める。10・

			月同日置郡伊作郷、伊作助代銀山の開坑に着手。7月大阪商船会社設立を策す。11・15神戸桟橋会社開業。11月大阪商法会議所、府下の金融、商業に関する調査書を大蔵卿松方正義に上呈。12・14阪堺鉄道会社創立。 この年、三菱商会と共同運転の合同を策す。関西に製糸業をひろめようと技術者を招く。	29群馬事件、加波山事件が相次いでおこり、自由党、解党宣言を出す。12・26太政官、前田正名〈興業意見〉三〇巻を承認。
一八	一八八五	49	1月弘成館新店舗および自邸を、北区中之島一丁目二六番地に新築落成。4・4次男友太郎生。5月このころより眼病をわずらう。8・20上京、築地の邸で療養、糖尿病か。9月日本郵船会社設立を斡旋。9・20鹿児島より大阪に籍を移す。9・22勲四等に叙せられ、旭日小授章を受く。遺言をのこし、後事を谷元道之・種田誠一にゆだねる。9・25東京築地の邸に逝く。松方正義の発意により大阪に帰葬。10・2阿倍野に葬る。	4・18清国との間に天津条約締結。8・1郵便汽船三菱会社、政府の勧告にたいし、共同運輸会社と合併する旨回答。8・15共同運輸も合併を決定。 この年、紙幣整理による不況、その極に達する。

人名索引

あ 行

か 行

さ　行

た　行

な　行

は　行

ま　行

や・ら・わ行

事項索引

あ 行

か 行

さ 行

た　行

な　行

は　行

ま・や行

《著者紹介》

田付茉莉子（たつき・まりこ）

1944年　生まれ。

1974年　東京大学大学院経済学研究科博士課程修了。

現　在　一般財団法人日本経営史研究所会長。

著　書　『日本経営史講座２　工業化と企業者活動』（共著）日本経済新聞社，1976年。

『セゾンの挫折と再生』（共著）山愛書院，2010年。

"The 90-year History of Daikin Industries 1924-2014", Daikin Industries, Ltd., 2015.

ミネルヴァ日本評伝選

五《ご》代《だい》友《とも》厚《あつ》

——富国強兵は「地球上の道理」——

2018年12月10日　初版第１刷発行　〈検印省略〉

定価はカバーに
表示しています

著　者　田付茉莉子

発行者　杉田啓三

印刷者　江戸孝典

発行所　株式会社　ミネルヴァ書房

607-8494　京都市山科区日ノ岡堤谷町１

電話代表（075）581-5191

振替口座　01020-0-8076

共同印刷工業・新生製本

ISBN978-4-623-08499-9

Printed in Japan

刊行のことば

歴史を動かすものは人間であり、興趣に富んだ人間の動きを通じて、世の移り変わりを考えるのは、歴史に接する醍醐味である。

しかし過去の歴史学を顧みるとき、人間不在という批判さえ見られたように、歴史における人間のすがたが、必ずしも十分に描かれてきたとはいえない。二十一世紀を迎えた今、歴史の中の人物像を蘇生させようとの要請はいよいよ強く、またそのための条件もしだいに熟してきている。

この「ミネルヴァ日本評伝選」は、正確な史実に基づいて書かれるのはいうまでもないが、単に経歴の羅列にとどまらず、歴史を動かしてきたすぐれた個性をいきいきとよみがえらせたいと考える。そのためには、対象とした人物とじっくりと対話し、ときにはきびしく対決していくことも必要になるだろう。

今日の歴史学が直面している困難の一つに、研究の過度の細分化、瑣末化が挙げられる。それは緻密さを求めるが故に陥った弊害といえるが、その結果として、歴史の大きな見通しが失われ、歴史学を通しての社会への働きかけの途が閉ざされ、人々の歴史への関心を弱める危険性がある。今こそ歴史が何のためにあるのかという、基本的な課題に応える必要があろう。評伝という興味ある方法を通じて、解決の手がかりを見出せないだろうかというのも、この企画の一つのねらいである。

狭義の歴史学の研究者だけでなく、多くの分野ですぐれた業績をあげている著者たちを迎えて、従来見られなかった規模の大きな人物史の叢書として、「ミネルヴァ日本評伝選」の刊行を開始したい。

平成十五年（二〇〇三）九月

ミネルヴァ書房

上代

*俾弥呼　古田武彦
日本武尊　西宮秀紀
*仁徳天皇　若井敏明
雄略天皇　吉村武彦
継体天皇　若井敏明
*蘇我氏四代　遠山美都男
推古天皇　義江明子
聖徳太子　仁藤敦史
斉明天皇　武田佐知子
*小野妹子・毛人・毛野　大橋信弥
*額田王　梶川信行
弘文天皇　遠山美都男
天武天皇　新川登亀男
持統天皇　丸山裕美子
阿倍比羅夫　熊田亮介
*藤原四子　木本好信
*柿本人麿　古橋信孝
*元明天皇・元正天皇　渡部育子
聖武天皇　本郷真紹
光明皇后　寺崎保広
*孝謙・称徳天皇　勝浦令子
藤原不比等　荒木敏夫
橘諸兄・奈良麻呂　遠山美都男
吉備真備　今津勝紀
*藤原仲麻呂　木本好信
道鏡　吉川真司
*藤原種継　木本好信
*行基　吉田靖雄

平安

*桓武天皇　井上満郎
嵯峨天皇　西別府元日
宇多天皇　古藤真平
醍醐天皇　石上英一
村上天皇　京樂真帆子
花山天皇　上島享
*三条天皇　倉本一宏
藤原薬子　中野渡俊治
*藤原良房・基経　瀧浪貞子
*紀貫之　神田龍身
源高明　所功
*安倍晴明　斎藤英喜
藤原実資　橋本義則
*藤原道長　朧谷寿
*藤原伊周・隆家　倉本一宏
藤原定子　山本淳子
*藤原彰子　朧谷寿
清少納言　三田村雅子
和泉式部　ツベタナ・クリステワ
大江匡房　小峯和明
*阿弖流為　樋口知志
坂上田村麻呂　熊谷公男
*源満仲・頼光　元木泰雄
平将門　西山良平
藤原純友　寺内浩
最澄　吉田一彦
円珍　岡野浩二
*空也　石井義長
奝然　上川通夫
*源信　小原仁
慶滋保胤　吉原浩人
*後白河天皇　美川圭
*式子内親王　奥野陽子
建礼門院　生形貴重
*藤原秀衡　入間田宣夫
平時子・時忠　元木泰雄
平維盛　根井浄
守覚法親王　阿部泰郎
藤原隆信・信実　山本陽子

鎌倉

源頼朝　川合康
*源義経　近藤好和
源実朝　神田龍身
*九条兼実　加納重文
九条道家　上横手雅敬
北条時政　野口実
熊谷直実　佐伯真一
*北条政子　関幸彦
北条義時　岡田清一
曾我十郎・五郎　杉橋隆夫
北条時頼　山本隆志
北条時宗　近藤成一
安達泰盛　山陰加春夫
平頼綱　細川重男
竹崎季長　堀本一繁
西行　光田和伸
鴨長明　浅見和彦
藤原定家　赤瀬信吾
*京極為兼　今谷明
*兼好　島内裕子
重源　横内裕人
*運慶　根立研介
快慶　井上一稔
法然　今堀太逸
栄西　中尾良信
明恵　西山厚
*親鸞　末木文美士
恵信尼・覚信尼　西口順子
覚如　今井雅晴
*道元　船岡誠
叡尊　細川涼一
*忍性　松尾剛次
*日蓮　佐藤弘夫
一遍　蒲池勢至
夢窓疎石　原田正俊
*宗峰妙超　竹貫元勝

南北朝・室町

後醍醐天皇　上横手雅敬
*護良親王　新井孝重
*懐良親王　森　茂暁
*赤松氏五代　渡邊大門
*北畠親房　岡野友彦
楠正成　兵藤裕己
楠木正行・正儀　生駒孝臣
*新田義貞　山本隆志
*光厳天皇　深津睦夫
足利尊氏　市沢　哲
*足利直義　亀田俊和
佐々木道誉　下坂　守
細川頼之　亀田俊和
円観・文観　田中貴子
足利義詮　早島大祐
足利義満　川嶋將生
*足利義持　吉田賢司
足利義教　横井　清
足利義政　木下昌規
*大内義弘　平瀬直樹
伏見宮貞成親王　松薗　斉
*山名宗全　山本隆志
細川勝元・政元　古野　貢
畠山義就　呉座勇一
足利成氏　阿部能久
世阿弥　西野春雄
雪舟等楊　河合正朝
宗祇　鶴崎裕雄
*満済　森　茂暁
一休宗純　原田正俊
蓮如　岡村喜史

戦国・織豊

北条早雲　家永遵嗣
*北条氏政　黒田基樹
大内義隆　藤井　崇
斎藤氏三代　木下　聡
*毛利元就　岸田裕之
*毛利輝元　光成準治
小早川隆景・秀秋　光成準治
六角定頼　村井祐樹
*今川義元　小和田哲男
*武田信玄　笹本正治
*武田勝頼　笹本正治
*真田氏三代　笹本正治
*三好長慶　天野忠幸
松永久秀　天野忠幸
*宇喜多直家・秀家　渡邊大門
*上杉謙信　矢田俊文
大友宗麟　鹿毛敏夫
島津義久・義弘　福島金治
*長宗我部元親・盛親　平井上総
浅井長政　長谷川裕子
吉田兼倶　西山　克
山科言継　松薗　斉
*雪村周継　赤澤英二
正親町天皇・後陽成天皇　神田裕理
足利義輝・義昭　山田康弘
織田信長　三鬼清一郎
織田長益　八尾嘉男
豊臣秀吉　藤井讓治
豊臣秀次　矢部健太郎
*北政所おね　田端泰子
*淀殿　福田千鶴
蜂須賀正勝・家政　三宅正浩
前田利家　東四柳史明
山内一豊・忠義　長屋隆幸
*黒田如水　小和田哲男
*蒲生氏郷　藤田達生
*石田三成　堀越祐一
*細川ガラシャ　田端泰子
伊達政宗　伊藤喜良
*支倉常長　田中英道
千利休　熊倉功夫
*長谷川等伯　宮島新一
顕如　神田千里
教如　安藤　弥

江戸

*徳川家康　笠谷和比古
本多忠勝　柴　裕之
*徳川家光　野村　玄
徳川吉宗　横田冬彦
*後水尾天皇　久保貴子
後桜町天皇　所　京子
*光格天皇　藤田　覚
崇伝　杣田善雄
*春日局　福田千鶴
宮本武蔵　渡邊大門
*池田光政　倉地克直
保科正之　八木清治
シャクシャイン　岩崎奈緒子
*田沼意次　藤田　覚
細川重賢　安高啓明
*二宮尊徳　小林惟司
*末次平蔵　岡　美穂子
*高田屋嘉兵衛　生田美智子
*林羅山　鈴木健一
吉野太夫　渡辺憲司
中江藤樹　辻本雅史
熊沢蕃山　川口　浩
*山崎闇斎　澤井啓一
山鹿素行　前田　勉
*北村季吟　島内景二
伊藤仁斎　澤井啓一
貝原益軒　辻本雅史
*ケンペル　B・M・ボダルト＝ベイリー
新井白石　大川　真
荻生徂徠　柴田　純
*雨森芳洲　上田正昭
石田梅岩　高野秀晴
白隠慧鶴　芳澤勝弘
前野良沢　松田　清
平賀源内　石上　敏
本居宣長　田尻祐一郎
杉田玄白　吉田　忠
木村蒹葭堂　有坂道子
*大田南畝　沓掛良彦
菅江真澄　赤坂憲雄
*鶴屋南北　諏訪春雄
良寛　阿部龍一
*山東京伝　佐藤至子
*滝沢馬琴　高田　衛
平田篤胤　山下久夫
国友一貫斎　太田浩司
シーボルト　宮坂正英
本阿弥光悦　岡　佳子
小堀遠州　中村利則
狩野探幽・山雪　山下善也
尾形光琳・乾山　河野元昭
*二代目市川團十郎　田口章子
伊藤若冲　狩野博幸
浦上玉堂　高橋博巳
*佐竹曙山　成瀬不二雄
葛飾北斎　岸　文和
酒井抱一　玉蟲敏子
孝明天皇　青山忠正
*和宮　辻ミチ子
徳川慶喜　大庭邦彦
島津斉彬　原口　泉
横井小楠　沖田行司
*古賀謹一郎　小野寺龍太
*永井尚志　高村直助

＊岩瀬忠震　小野寺龍太
＊栗本鋤雲　小野寺龍太
大村益次郎　竹本知行
河井継之助　小川和也
＊西郷隆盛　家近良樹
＊由利公正　角鹿尚計
＊塚本明毅　塚本学
＊月性　海原徹
＊吉田松陰　海原徹
＊高杉晋作　海原徹
久坂玄瑞　一坂太郎
ペリー　遠藤泰生
ハリス　福岡万里子
オールコック　佐野真由子
アーネスト・サトウ　奈良岡聰智
緒方洪庵　米田該典

近代

＊明治天皇　伊藤之雄
＊大正天皇　F・R・ディキンソン
＊昭憲皇太后・貞明皇后　小田部雄次
大久保利通　三谷太一郎
山県有朋　鳥海靖
木戸孝允　落合弘樹
井上馨　伊藤之雄
＊松方正義　室山義正
北垣国道　小林丈広
板垣退助　小川原正道

長与専斎　笠原英彦
大隈重信　五百旗頭薫
伊藤博文　坂本一登
井上毅　大石眞
＊井上勝　老川慶喜
＊桂太郎　小林道彦
＊渡邉洪基　瀧井一博
＊乃木希典　佐々木英昭
星亨　小林道彦
林董　奈良岡聰智
＊児玉源太郎　小林道彦
＊高宗・閔妃　木村幹
山本権兵衛　室山義正
＊金子堅太郎　松村正義
高橋是清　鈴木俊夫
小村寿太郎　簑原俊洋
＊犬養毅　小林惟司
原敬　季武嘉也
＊加藤高明　櫻井良樹
牧野伸顕　小宮一夫
田中義一　黒沢文貴
内田康哉　高橋勝浩
石井菊次郎　廣部泉
平沼騏一郎　堀田慎一郎
＊鈴木貫太郎　小堀桂一郎
宇垣一成　北岡伸一
＊宮崎滔天　榎本泰子
＊浜口雄幸　川田稔
幣原喜重郎　西田敏宏
関一　玉井金五
水野広徳　片山慶隆

広田弘毅　井上寿一
安重根　上垣外憲一
＊グルー　廣部泉
＊永田鉄山　森靖夫
東條英機　牛村圭
今村均　前田雅之
蒋介石　劉岸偉
石原莞爾　山室信一
近衛文麿　庄司潤一郎
＊岩崎弥太郎　武田晴人
伊藤忠兵衛　末永國紀
＊五代友厚　田付茉莉子
大倉喜八郎　村上勝彦
＊安田善次郎　由井常彦
渋沢栄一　武田晴人
中野武営　佐賀香織
益田孝　鈴木邦夫
山辺丈夫　宮本又郎
武藤山治　阿部武司・桑原哲也
池田成彬　松浦正孝
西原亀三　森川正則
小林一三　橋爪紳也
大倉恒吉　石川健次郎
大原孫三郎　猪木武徳
＊河竹黙阿弥　今尾哲也
イザベラ・バード　加納孝代
＊林忠正　木々康子
＊森鷗外　小堀桂一郎
＊二葉亭四迷　ヨコタ村上孝之
＊夏目漱石　佐々木英昭

徳冨蘆花　半藤英明
巌谷小波　千葉信胤
樋口一葉　佐伯順子
＊島崎藤村　十川信介
泉鏡花　東郷克美
上田敏　小林茂
＊有島武郎　亀井俊介
永井荷風　川本三郎
北原白秋　平石典子
菊池寛　山本芳明
芥川龍之介　高橋龍夫
＊宮沢賢治　千葉一幹
高浜虚子　坪内稔典
与謝野晶子　佐伯順子
＊種田山頭火　村上護
＊斎藤茂吉　品田悦一
＊高村光太郎　湯原かの子
石川啄木　先崎彰容
萩原朔太郎　エリス俊子
＊原阿佐緒　秋山佐和子
＊狩野芳崖・高橋由一　古田亮
川村清雄　落合則子
＊小堀鞆音　小堀桂一郎
竹内栖鳳　北澤憲昭
黒田清輝　高階秀爾
中村不折　石川九楊
横山大観　高階秀爾
＊橋本関雪　西原大輔
小出楢重　芳賀徹
土田麦僊　天野一夫

岸田劉生　北澤憲昭
濱田庄司　濱田琢司
＊山田耕筰　後藤暢子
松旭斎天勝　川添裕
中山みき　鎌田東二
佐田介石　谷川穣
＊ニコライ　中村健之介
＊出口なお・王仁三郎　川村邦光
島地黙雷　阪本是丸
＊新島襄　太田雄三
新島八重　佐伯順子
木下広次　冨岡勝
海老名弾正　西田毅
嘉納治五郎　クリストファー・スピルマン
柏木義円　片野真佐子
津田梅子　田中智子
＊澤柳政太郎　新田義之
河口慧海　高山龍三
山室軍平　室田保夫
大谷光瑞　白須淨眞
＊久米邦武　高田誠二
フェノロサ　伊藤豊
井上哲次郎　井ノ口哲也
三宅雪嶺　長妻三佐雄
＊岡倉天心　木下長宏
志賀重昂　中野目徹
徳富蘇峰　杉原志啓
＊竹越与三郎　西田毅
内藤湖南・桑原隲蔵　礪波護

*廣池千九郎　橋本富太郎
岩村 透　今橋映子
*西田幾多郎　大橋良介
*金沢庄三郎　石川遼子
柳田国男　鶴見太郎
厨川白村　張 競
*村岡典嗣　水野雄司
大川周明　山内昌之
西田直二郎　林 淳
折口信夫　斎藤英喜
シュタイン　瀧井一博
*西 周　清水多吉
*福澤諭吉　平山 洋
成島柳北　山田俊治
福地桜痴　山田俊治
*村山龍平　早房長治
島田三郎　武藤秀太郎
田口卯吉　鈴木栄樹
*陸 羯南　松田宏一郎
黒岩涙香　奥 武則
長谷川如是閑　織田健志
*吉野作造　田澤晴子
山川 均　米原 謙
*岩波茂雄　十重田裕一
*北一輝　岡本幸治
*穂積重遠　大村敦志
中野正剛　吉田則昭
*満川亀太郎　福家崇洋
*エドモンド・モレル　林田治男
*北里柴三郎　福田眞人

高峰譲吉　木村昌人
田辺朔郎　秋元せき
*南方熊楠　飯倉照平
石原 純　金子 務
*辰野金吾　河上眞理・清水重敦
*七代目小川治兵衛　尼崎博正
本多静六　岡本貴久子
ブルーノ・タウト　北村昌史

現代

昭和天皇　御厨 貴
高松宮宣仁親王　後藤致人
*李方子　小田部雄次
吉田 茂　中西 寛
マッカーサー　柴山 太
鳩山一郎　楠 綾子
*石橋湛山　増田 弘
重光 葵　武田知己
市川房枝　村井良太
*池田勇人　藤井信幸
高野 実　篠田 徹
和田博雄　庄司俊作
朴正熙　木村 幹
*田中角栄　新川敏光
宮沢喜一　村上友章
竹下 登　真渕 勝
*松永安左ェ門　橘川武郎

鮎川義介　井口治夫
*出光佐三　橘川武郎
*松下幸之助　米倉誠一郎
渋沢敬三　井上 潤
*本田宗一郎　伊丹敬之
*井深 大　武田 徹
*佐治敬三　小玉 武
幸田家の人々　金井景子
*正宗白鳥　大嶋 仁
*大佛次郎　福島行一
*川端康成　大久保喬樹
*薩摩治郎八　小林 茂
坂口安吾　千葉一幹
太宰 治　安藤 宏
松本清張　杉原志啓
安部公房　鳥羽耕史
*三島由紀夫　島内景二
井上ひさし　成田龍一
R・H・ブライス　菅原克也
柳 宗悦　熊倉功夫
バーナード・リーチ　鈴木禎宏
イサム・ノグチ　酒井忠康
熊谷守一　古川秀昭
川端龍子　岡部昌幸
藤田嗣治　林 洋子
*井上有一　海上雅臣
*手塚治虫　竹内オサム
古賀政男　藍川由美

*吉田 正　金子 勇
*武満 徹　船山 隆
*八代目坂東三津五郎　田口章子
*力道山　岡村正史
*西田天香　宮田昌明
安倍能成　中根隆行
サンソム夫妻　平川祐弘・牧野陽子
*天野貞祐　貝塚茂樹
和辻哲郎　小坂国継
矢代幸雄　稲賀繁美
石田幹之助　岡本さえ
*平泉 澄　若井敏明
*早川孝太郎　須藤 功
安岡正篤　片山杜秀
青山二郎　田野 勲
島田謹二　小林信行
田中美知太郎　川久保剛
前嶋信次　杉田英明
*唐木順三　澤村修治
亀井勝一郎　山本直人
知里真志保　北原治郎太
*保田與重郎　谷崎昭男
石母田正　磯前順一
*福田恆存　川久保剛
井筒俊彦　安藤礼二
佐々木惣一　伊藤孝夫
小泉信三　都倉武之
*瀧川幸辰　伊藤孝夫
式場隆三郎　服部 正

大宅壮一　有馬 学
清水幾太郎　庄司武史
*フランク・ロイド・ライト　大久保美春
*中谷宇吉郎　杉山滋郎
今西錦司　山極寿一

*は既刊

二〇一八年十二月現在